Stéphane Etrillard
Spitzengespräche
Faire Kommunikation durch gekonnte Gesprächsführung
Ein Arbeitsbuch

Ausführliche Informationen zu weiteren Büchern aus dem Bereich Kommunikation sowie zu jedem unserer lieferbaren und geplanten Bücher finden Sie im Internet unter www.junfermann.de – mit ausführlichem Infotainment-Angebot zum JUNFERMANN-Programm ... mit Newsletter und Original-Seiten-Blick ...

Besuchen Sie auch unsere e-Publishing-Plattform www.active-books.de – mittlerweile rund 300 Titel im Angebot, mit zahlreichen kostenlosen e-Books zum Kennenlernen dieser innovativen Publikationsmöglichkeit.

Übrigens: Unsere e-Books können Sie leicht auf Ihre Festplatte herunterladen!

Eine Auswahl von e-books bei www.active-books.de

Stéphane Etrillard: „Charisma" (kostenlos)
Stéphane Etrillard: „Lampenfieber in Redesituationen und in Verkaufsgesprächen" (kostenlos)
Cora Besser-Siegmund: „Coach Yourself" (kostenlos)
Lothar J. Seiwert: „Zeit-Balance" (kostenlos)
Vera F. Birkenbihl: „Der 3-Phasen-Trainer-Plan" (€ 8,50)
Vera F. Birkenbihl: „Sprache als Instrument des Denkens" (€ 6,00)
Stéphane Etrillard: „Gekonnt gekontert" (€ 5,00)
Eckart Fiolka & Thomas Rückerl: „Moderation in Action" (€ 5,00)
Barbara Schott: „Jederzeit cool bleiben" (€ 4,50)
Roland Betz: „Zuhör-Profi werden: Was heißt zuhören können?" (€ 3,00)

Stéphane Etrillard

Spitzen-
gespräche

Faire Kommunikation durch
gekonnte Gesprächsführung

Ein Arbeitsbuch

Junfermann Verlag · Paderborn
2005

© Junfermannsche Verlagsbuchhandlung, Paderborn 2003
2. Auflage 2005
Covergestaltung und Anzeige: ola, Lutzer & Abendroth GbR, Kommunikationsdesign, PR und Events,
Bleichstraße 77a, 33607 Bielefeld
Titel-Foto: Getty Images

Satz: JUNFERMANN Druck & Service, Paderborn

Bibliografische Information der Deutschen Bibliothek
Die Deutsche Bibliothek verzeichnet diese Publikation in der Deutschen Nationalbibliografie;
detaillierte bibliografische Daten sind im Internet über http://dnb.ddb.de abrufbar.

ISBN 3-87387-540-3
Ab 1.1.2007: 978-3-87387-540-1

Inhalt

Dieses Buch widme ich herzlichst
meinem lieben Freund Evgueni,
von dem ich so viel über
Kommunikation und Sprache
gelernt habe.

Geleitwort

Liebe Leserin, lieber Leser,

wie Sie sich erfolgreich für den zukünftigen Umgang mit qualifizierten Gesprächspartnern selbst qualifizieren und die Kraft des Wortes, die zwingende Kommunikation der Sprache und Gebärden zu Spitzengesprächen entfalten, all dies bringt Stéphane Etrillard eindrucksvoll in diesem Buch zum Ausdruck.

Selbst zweier Sprachkulturen mächtig, glückt es ihm, über die herkömmliche Gesprächsführung hinaus, viele Sprachnuancen und auch den kulturellen Flair zu integrieren, um zu mehr als nur einer Anleitung und Arbeitsgrundlage zu Spitzengesprächen zu gelangen.

Seine Darstellung mit zahlreichen Übungen, Ratschlägen und Tipps ist eingebettet in
der didaktischen Entwicklung eines dynamischen, modularen Systems, das von modernen Erkenntnissen der Selbstlernkompetenz und des Win-Win-Wir-Konzeptes
profitiert und dabei altbewährte Erfahrungen von „Kult"-Trägern der Gesprächs-
kunst nicht außer Acht lässt.

FIT in Spitzengesprächen bedeutet **F**reude **i**m **T**raining, **F**ertigkeit **i**n der **T**echnik
und **F**airness **i**m **T**eam. Dies erfordert zunächst, mit Eifer und Engagement Stufe um
Stufe einzuüben und zwar am besten in kooperativer Selbstqualifikation, d.h. es im
partnerschaftlichen Miteinander und „dialektischen Gegeneinander" zu erlernen und
zu erleben. Im Sinne der Selbsthilfe können Sie dieses Buch durch Ihr Interesse und
Engagement „ausmünzen".

Wenngleich jedes Kapitel eine in sich geschlossene, modulartige Lerneinheit bildet,
verfolgt sein System Stufen in einem ganzheitlichen **FIT**-Prozess mit folgenden Zu-
sammenhängen:

Spitzengespräche gründen im gehobenen und gezielten Umgang mit Worten, was in
der Sprache und durch die gesamte Körperhaltung zum Ausdruck kommt. Sprechen
und Zuhören führen uns in das Reich der Kommunikation.

Spitzengespräche kultivieren eine Kommunikation mit beidseitig gekonnter Rhetorik. Von sich selbst und ihrem persönlichen Charisma gelangen die Gesprächspartner mit der nötigen Selbstkompetenz zum fairen Miteinander und verschaffen das Gefühl von Erfolg und Befriedigung. Die Spitze bildet das Herbeiführen einer Win-Win-Situation.

Spitzengespräche verlaufen für Etrillard insbesondere dann optimal, wenn sie in gleicher Intensität das Gegeneinander in fairem Wettstreit durch „gekonnt gekonterte" Dialektik pflegen. Für ihn verschafft kaum etwas so das Gefühl der Befriedigung wie ein erfolgreich geführtes Gespräch. Es lohnt sich und macht ihm, dem Kommunikationsexperten, Spaß, dem Geheimnis der Kommunikation auf die Spur zu kommen.

Spitzengespräche erreichen unter dem Aspekt der fairen Kommunikation und der gekonnten Dialektik ihren Höhepunkt in der Gesprächsführung in kleinen Gruppen – und hierzu gibt es zunehmend mehr Anlass und Gelegenheit. Die fruchtbare, kooperative Vernetzung des Wissens, der Erfahrungen und der Einfälle im wechselseitigen Gespräch führt zu Spitzenleistungen, die ein Geheimnis in sich bergen: synergetische Effekte, d.h., dass das Ganze im Ergebnis mehr ist als die Summe seiner Teile.

Spitzengespräche und die entsprechende Motivation zu Spitzenleistungen ist eine Kunst, die man nicht kaufen und auch nicht verordnen kann. Dieses für unsere Zeit so eminent wichtige „Handwerkszeug" kann man nur mit großer Selbstdisziplin – wie weiland Aurelius Augustinus, der große Kirchenvater – erlernen. Hierzu bietet das Buch von Stéphane Etrillard eine ausgezeichnete Grundlage.

Berlin, 1. Advent 2002
Prof. Dr. Clemens Heidack

Achte auf deine Gedanken,
denn sie werden Worte.
Achte auf deine Worte,
denn sie werden Handlungen.
Achte auf deine Handlungen,
denn sie werden Gewohnheiten.
Achte auf deine Gewohnheiten,
denn sie werden dein Charakter.
Achte auf deinen Charakter,
denn er wird dein Schicksal.

– aus dem Talmud

Vorwort

Man kann noch so viele Bücher über Kommunikation, Rhetorik und Dialektik gelesen haben und selbst schon seit vielen Jahren immer wieder Gespräche führen, und da gibt es doch immer wieder die eine oder andere Situation, in der man an die persönlichen Grenzen stößt. Und Neulinge in diesem Bereich machen manchmal intuitiv vieles richtig, weil Sie noch nicht so viel Theorien und standardisierte Methoden kennen und anwenden. Sie agieren und reagieren „menschlich", was vielfach ein Vorteil und in anderen Situationen wieder ganz falsch sein kann. Es gibt sie nicht – die einzig wahre Kommunikation, den einzig begnadeten Rhetoriker,* das einzige wirkungsvolle Gespräch.

Es gibt viele Wege, die zum Ziel und zu einem guten kommunikativen Miteinander führen, und dieses Buch will Ihnen einige dafür zeigen. Einiges wird Ihnen bereits vertraut vorkommen, anderes werden Sie bereits schon umsetzen und wieder anderes wird Ihnen vollkommen verrückt vorkommen. Ver rückt, weil Sie etwas noch nie aus diesem Blickwinkel betrachtet haben. Sie werden staunen, abwinken und nicken – und alles ist richtig und gut so. Lassen Sie sich entführen in die Welt der Sprache und Kommunikation, in eine Sphäre der Rhetorik und Dialektik, und begleiten Sie mich in einige Gesprächssituationen. Nutzen Sie dieses Buch als theoretische Basis und schaffen Sie sich durch die Tipps und Übungen eine praktische Grundlage, um zukünftig noch effektiver zu kommunizieren – in allen Lebenslagen.

Warum ich dieses Buch geschrieben habe? Kaum etwas anderes tun wir täglich häufiger, als zu sprechen – im privaten Kreis genauso wie im beruflichen Umfeld. Gespräche gehören zu den schönsten Dingen im Leben. Aufregende Dinge passieren, während wir sprechen. Wir setzen etwas in Bewegung mit unseren Worten und erfahren viel von anderen Menschen und den Dingen, die die Welt bewegen, wenn wir Gespräche führen und aufmerksam zuhören. Kaum etwas verschafft uns so das Gefühl der Befriedigung wie ein erfolgreich geführtes Gespräch. Es lohnt sich, dem Geheimnis der Kommunikation auf die Spur zu kommen.

---

* Wichtige Anmerkung: Um Ihnen die Lektüre dieses Buchs zu erleichtern, haben wir größtenteils geschlechtsneutral formuliert. Natürlich sprechen wir in diesem Buch auch Sie, liebe Leserinnen, genauso an. Vielen Dank für Ihr Verständnis!

Schon seit vielen Jahren arbeite ich als Kommunikationsexperte, und nichts macht mir mehr Spaß, als in kleinen Gruppen eben jenem Geheimnis der Kommunikation auf die Spur zu kommen. Gemeinsam mit anderen Menschen zu lernen, was Rhetorik wirklich bedeutet und wie viel Spaß Dialektik machen kann. In dieses Buch habe ich viele Erkenntnisse daraus einfließen lassen. Sie werden feststellen, dass gleiche Themen unter verschiedenen Gesichtspunkten beleuchtet werden. Dieser Aspekt ermöglicht es Ihnen, an jeder beliebigen Stelle des Buches einzusteigen. Je nachdem, zu welchem Themengebiet Sie Fragen haben oder in welchen Bereich Sie tiefer einsteigen wollen, schlagen Sie das entsprechende Kapitel auf und lesen ganz einfach quer. Außerdem soll dieses Buch Ihnen auch als Arbeitsgrundlage dienen. Machen Sie sich also Notizen an den entsprechenden Stellen, die für Ihr Weiterkommen entscheidend sind. Beantworten Sie meine Fragen und testen Sie die Übungen gleich beim Lesen. Am Ende jedes Kapitels finden Sie außerdem zwei Seiten, die nur darauf warten, von Ihnen mit Leben, sprich Ihren Gedanken, gefüllt zu werden. Legen Sie je Kapitel Ihre drei wichtigsten Punkte fest und gehen Sie in die direkte Umsetzung. Dann holen Sie für sich den größtmöglichen Nutzen heraus und Sie werden merken, dass Gespräche Ihnen von Tag zu Tag mehr Freude bereiten. Ich wünsche Ihnen viel Erfolg und hoffe, Sie haben beim Lesen genauso viel Spaß und Aha-Erlebnisse wie ich beim Schreiben.

Da ich auch von anderen im Sinne der kooperativen Selbstqualifikation im Gespräch viel lerne und viel lernen will, würde ich mich freuen, wenn Sie mir, liebe(r) Leser(in), nach der Lektüre dieses Buches Ihre Anregungen oder Ideen mitteilen. Schreiben Sie mir auch, wenn Sie Fragen haben. Ich werde sie gerne für Sie beantworten. Gerne stehe ich Ihnen auch mit Rat und Tat zur Seite. Ich bin nur einen Telefonhörer oder eine eMail weit entfernt.

Ihr
Stéphane Etrillard

Management Institute S E C S
Stéphane Etrillard Communication & Sales
Schloss Elbroich – Am Falder 4
D-40589 Düsseldorf

Tel: +49-0211 – 757 07 40
Fax: +49-0211 – 75 00 53

eMail: info@etrillard.com
Web: www.etrillard.com

Einleitung

Reden können, frei vor Menschen sprechen, andere überzeugen – gekonnte Kommunikation ist nicht jedermanns Sache. Dabei sprechen wir doch so viel miteinander – fraglich ist nur, was wir sagen und was beim Gegenüber ankommt. Treffen wir klare Aussagen und ist der Gesprächspartner aufnahmebereit, haben wir eine gute Chance, dass das Gesagte auch verstanden und bestenfalls umgesetzt wird. Halten wir eine begeisternde Rede, können wir davon ausgehen, dass die Zuhörer ganz Ohr sind und entsprechende Inhalte transportiert werden.

Und doch führen wir Menschen so viele Gespräche, in denen aneinander vorbeigeredet wird oder in denen andere verletzt werden. Menschen missbrauchen die Macht der Sprache, die uns dazu gegeben worden ist, miteinander gerne, gut und fair zu kommunizieren. Das heißt ja nicht, dass man keine Diskussion mehr führen darf, keine Konflikte durch Gespräche lösen – aber auch deutliche Worte kann man fair ausdrücken.

Wenn wir es schaffen, eine Kultur der Ehrlichkeit zu schaffen und diese Ehrlichkeit in Worte zu fassen, gelingt es uns auch, erfolgreiche Gespräche zu führen. Eine offene Kommunikation setzt eine offene Lebenseinstellung voraus. Wer immer nur glaubt, der andere wolle ihm etwas Böses und Schlechtes, wird es nicht schaffen, offen zu kommunizieren. Wer grundsätzlich vom Guten im Menschen ausgeht, geht auch sprachlich anders mit Menschen um. Dann werden gradlinige Gespräche geführt, in deren Mittelpunkt nicht der Sieg des einen und damit die Niederlage des anderen steht, sondern eine faire Lösung für beide Seiten. Diese Kultur des Dialogs setzt der Kriegsrhetorik ein Ende. Wer fair mit anderen umgeht, führt keine Wortgefechte, sondern erfolgreiche Spitzengespräche.

In meinem Buch möchte ich Sie mitnehmen auf eine Reise vom Phänomen Sprache, das ein Lächeln auf das Gesicht mancher Eltern zaubert, wenn der Nachwuchs zum ersten Mal „Mama" oder „Papa" sagt, über den Tempel der Kommunikation, einer begeisternden Rhetorik bis hin zur Dialektik, der Kunst zu überzeugen. Ich hoffe, Sie sind nach der Lektüre überzeugt, selbst Spitzengespräche führen zu können. Zahlreiche Tipps und Übungen in diesem Arbeitsbuch zeigen Ihnen den Weg zu einer fairen Kommunikation, zu einer Gesprächsführung, die für alle Beteiligten zum Erlebnis wird.

1. Phänomen Sprache

„Wenn die Worte nicht stimmen, dann ist das Gesagte nicht das Gemeinte.
Wenn das, was gesagt wird, nicht stimmt, dann stimmen die Werke nicht.
Gedeihen die Werke nicht, so verderben Sitten und Künste.
Darum achte man darauf, dass die Worte stimmen.
Das ist das Wichtigste von allem."

– *Konfuzius* (551 – 479 v.Chr.), chin. Philosoph, bestimmend
für die Gesellschafts- und Sozialordnung Chinas

Die Sprache – jene Form von Buchstaben, Wörtern und Sätzen, die uns befähigen, Kontakt aufzunehmen. Kein anderes Lebewesen hat die Macht der Sprache, so wie wir Menschen sie kennen. Sie befähigt uns, andere zu beeinflussen, zu streicheln oder zu verletzen, zu helfen oder einfach nur zuzuhören. Denn nur wer der gleichen Sprache mächtig ist, kann den Worten des Gegenübers Inhalt geben. Sprache kann viel bedeuten und mit Sprache lässt sich ebenso viel assoziieren, lt. Duden u.a.

Sprachatlas
Sprachbarriere
Sprachbau
Sprachbegabung
Sprachbeherrschung
Sprachberatung
Sprachdenkmal
Sprachecke
Sprachempfinden
Sprachenfrage
Sprachenkampf
Sprachenrecht
Sprachentwicklung
Spracherwerb
Sprachfähigkeit
Sprachfamilie
Sprachfehler
Sprachfertigkeit
Sprachforschung

Sprachführer
Sprachgebiet
Sprachgebrauch
Sprachgefühl
Sprachgemeinschaft
Sprachgenie
Sprachgeografie
Sprachgeschichte
Sprachgesellschaft
Sprachgesetz
Sprachgewalt
Sprachgewandtheit
Sprachgrenze
Sprachgut
Sprachinsel
Sprachkarte
Sprachkenner
Sprachkenntnisse
Sprachkompetenz

Sprachkritik	Sprachschnitzer
Sprachkultur	Sprachschöpfer
Sprachkunde	Sprachschule
Sprachkunst	Sprachschwierigkeit
Sprachkurs	Sprachsilbe
Sprachlabor	Sprachsoziologie
Sprachlaut	Sprachstamm
Sprachlehre	Sprachstatistik
Sprachlenkung	Sprachstil
Sprachlosigkeit	Sprachstörung
Sprachmanipulation	Sprachstudium
Sprachmittler	Sprachsystem
Sprachnorm	Sprachtalent
Sprachpflege	Sprachteilhaber
Sprachphilosophie	Sprachübung
Sprachpsychologie	Sprachunterricht
Sprachraum	Sprachverein
Sprachregelung	Sprachvergleichung
Sprachreinheit	Sprachverstoß
Sprachreise	Sprachverwirrung
Sprachrichtung	Sprachwandel
Sprachrichtigkeit	Sprachwidrigkeit
Sprachrohr	Sprachwissenschaft
Sprachschatz	Sprachzentrum
Sprachschicht	Sprachzeugnis

So vielfältig die Sprache ist, so vielfältig sind die Möglichkeiten und auch die Gefahren, nicht mit der ihr gebührenden Vorsicht und dem Gegenüber gebührenden Respekt umzugehen. Eine Geschichte von dem chinesischen Philosophen Konfuzius, bestimmend für die Gesellschafts- und Sozialordnung Chinas, macht dies deutlich.

Der Schüler Zi-lu sprach zu Konfuzius: „Wenn euch der Herrscher des Staates Wei die Regierung anvertraute – was würdet ihr zuerst tun?"
Der Meister antwortete: „Unbedingt die Worte richtig stellen."
Darauf Zi-lu: „Damit würdet ihr beginnen? Das ist doch abwegig. Warum eine solche Richtigstellung der Worte?"
Der Meister entgegnete: „Wie ungebildet du doch bist, Zi-lu! Der Edle ist vorsichtig und zurückhaltend, wenn es um Dinge geht, die er nicht kennt. Stimmen die Worte und Begriffe nicht, so ist die Sprache konfus. Ist die Sprache konfus, so entstehen Unordnung und Misserfolg. Gibt es Unordnung und Misserfolg, so geraten Anstand und gute Sitten in Verfall. Sind Anstand und gute Sitten in Frage gestellt, so gibt es keine gerechten Strafen mehr. Gibt es keine gerechten Strafen mehr, so weiß das Volk nicht, was es tun und was es lassen soll. Darum muss der Edle die Begriffe und Namen korrekt benutzen und auch richtig danach handeln können. Er geht mit seinen Worten niemals leichtfertig um."

Je deutlicher und genauer Sie mit der Sprache umgehen, umso besser können Sie kommunizieren. Nur wenn alle am Gespräch Beteiligten wissen, dass sie das Gleiche meinen, wenn sie von etwas sprechen, funktioniert der Dialog. Lernen Sie von Kindern, die sich zu Beginn ihrer sprachlichen Laufbahn neugierig mit allem beschäftigen, was Buchstaben hat. Kinder wollen wissen, welcher dieser oder jener Buchstabe ist, aus welchen Buchstaben welche Worte zusammengebaut sind, welche Worte welchen Sinn ergeben ... Erhalten Sie sich diese Neugierde und beschäftigen Sie sich ein Leben lang mit der (deutschen) Sprache. Suchen Sie nach dem besten Begriff, trainieren Sie Ihr Sprachbewusstsein.

Buchstabensuppe

Bereits kleine Kinder sind fasziniert von der Macht der Buchstaben und Wörter, die sich zu Geschichten verbinden. Schon früh hören sie begeistert zu, wenn Mama, Papa oder Oma ihnen aus Büchern vorlesen, und verfolgen die merkwürdigen Dinge, aus denen Märchen gemacht sind. Irgendwann kommt dann auch die Frage: „Mama, wo liest du gerade?" – und die ersten Buchstaben werden vertraut. Noch lange dauert es im Allgemeinen, bis ein Kind wirklich alle Buchstaben kennt, aus diesen Worte bauen, lesen und schreiben kann. Und noch eines gewaltigen Schrittes bedarf es, bis ein Kind wirklich umfangreich sprechen und mit allen Worten auch einen Inhalt verknüpfen kann. Bis ins hohe Alter begegnen wir immer wieder Begriffen, die wir nicht kennen, bei denen wir uns durch den Griff zum Lexikon versichern wollen, was dahinter verborgen ist. Ein großer Schatz ist demzufolge die Sprache, dem wir mit Respekt, jedoch auch Freude am Entdecken begegnen wollen.

> „**Worte** waren ursprünglich Zauber, und das Wort hat noch heute viel von seiner alten Zauberkraft bewahrt. Durch Worte kann ein Mensch den anderen selig machen oder zur Verzweiflung treiben, durch Worte überträgt der Lehrer sein Wissen auf die Schüler, durch Worte reißt der Redner die Versammlung der Zuhörer mit sich fort und bestimmt ihre Urteile und Entscheidungen. Worte rufen Affekte hervor und sind das allgemeine Mittel zur Beeinflussung der Menschen untereinander." – *Freud*, in *Dilts* 2001, S. 16

> „Die **Sprache** ist Zeichen und Gleichnis für die seelischen Vorgänge, die Schrift wieder für die Sprache. Und wie nicht alle dieselben Schriftzeichen haben, bringen sie auch nicht dieselben Laute hervor. Die seelischen Vorgänge jedoch, die sie eigentlich bedeuten sollen, sind bei allen die gleichen, und auch die Dinge, die jene Vorgänge nachbilden, sind die gleichen." – *Aristoteles*, in *Dilts* 2001, S. 20

1.1 Sprachsouveränität

„**D**ass der Mensch wenigstens eine, die eigene Sprache beherrsche, ist die wichtigste Grundforderung für jede geistige Entwicklung. Wer die Ausdrucksfähigkeit vernachlässigt, lässt die Kinder verkümmern. Wenn von 600.000 Schulabsolventen ungefähr zehn Prozent, also mehr als 50.000 Mädchen und Jungen, alleine schon deshalb Gefahr laufen, keine Lehrstelle zu finden, weil sie unzureichend lesen, schreiben und rechnen können, zeigt sich das Ausmaß einer Misere, mit der wir uns nicht abfinden dürfen", so Hubert S. Markl, dt. Biologe und Hochschullehrer, 1986 – 1991 Präsident der Deutschen Forschungsgemeinschaft und seit 1996 Präsident der Max-Planck-Gesellschaft.

Lesen, Schreiben und Rechnen – alles hat mit Sprache zu tun und alles bildet die Basis für ein erfolgreiches Leben. Ob im privaten Bereich oder im beruflichen Umfeld: Wer der Sprache nicht mächtig ist und deren außergewöhnliche Möglichkeiten nicht nutzt, wird keine (Sprach-)Souveränität im Leben erreichen. In welchen Bereichen auch immer.

„Wem das Herz voll ist, dem geht der Mund über", dieses Sprichwort, das Luther in seiner Bibelübersetzung verwendet, ist schon älter und findet sich 1515 im „Evangelibuch" des Johann Geiler von Kayserberg: „Wes das hertz vol ist, des loufft der mund über." Sprachsouveränität bedeutet in diesem Zusammenhang nicht nur, dass man in jedem Fall souverän, sondern auch, dass man authentisch mit der Sprache umgeht. Und wenn jemand von etwas sehr angetan, berührt, begeistert ist, dann muss er es auch – wie es das Lexikon der Allgemeinbildung zu Recht definiert – zum Ausdruck bringen.

Die Sprache ist ein wahrer Schatz. Ein Schatz an Worten, derer wir uns bemächtigen, um die Realität zu beschreiben, Gegenständen einen Namen und Gefühlen einen Ausdruck zu geben. Sprache zu beherrschen, mit ihr zu spielen und sich an den vielfältigen Möglichkeiten, die sie uns gibt zu erfreuen, bringt dem Einzelnen viele Chancen. Chancen, durch ein Selbstgespräch leichter eine Entscheidung herbeizuführen, sich jemandem mitzuteilen und andere von einer Idee zu begeistern. Schon Konfuzius sagte dazu: *„In alten Zeiten gingen die Leute nicht so leichtfertig mit der Sprache um, denn sie hatten Skrupel, dass sie hinter ihren eigenen Worten zurückbleiben könnten."*

Und darin zeigt sich bereits, dass Sprache mehr ist als nur das gesprochene Wort. Sprache ist auch die Präzision der Wortwahl. Und mehr noch als das gesprochene Wort, die Mimik und Gestik, der Tonfall der Stimme, die Sprechhöhe und die Sprechgeschwindigkeit. Sprache hat auch mit Ehrlichkeit zu tun, mit der souveränen und aufrechten Art, mit anderen Menschen umzugehen. Oder wie der italienische Universalkünstler Leonardo da Vinci es ausdrückte: „Die Mitteilungsmöglichkeit des Menschen ist gewaltig, doch das meiste, was er sagt, ist hohl und falsch. Die Sprache der Tiere ist begrenzt, aber was sie damit zum Ausdruck bringen, ist wichtig und nützlich. Jede kleine Ehrlichkeit ist besser als eine große Lüge."

Vom Sprechen und Schreiben

Sprache ist nicht nur das gesprochene Wort, Sprache wird auch in der schriftlichen Form immer noch Sprache bleiben. Dabei gibt es einen kleinen und doch feinen Unterschied: Die Halbwertszeit! Das gesprochene Wort ist schnell gesagt – manchmal zu schnell. Legt man Sprache schriftlich nieder, bleibt schon etwas mehr Zeit, jedes Wort sorgfältig auszuwählen, jeden Satz bis ins kleinste Detail zu überprüfen. Menschen, die in vergangenen Zeiten Liebesbriefe schrieben, haben dies bis zum Extrem betrieben. Manche(r) Dichter(in) saß(en) da eine ganze Nacht, um ein paar bedachte Zeilen an seine(n) Liebste(n) zu schreiben und war am Ende immer noch nicht zufrieden, weil die Worte der Wirklichkeit nicht gerecht werden konnten. In Zeiten von SMS ist dies keine Frage mehr – je kürzer, je besser – da braucht man sich nun wirklich keine Gedanken mehr zu machen, ob das einzelne Wort nun genau das richtige ist. Schon vielmehr darüber, ob man dieses Wort nicht auch einfach ersatzlos streichen könnte. Deshalb: Lasst uns zu einem bedachteren Umgang mit der Sprache kommen – ob in schriftlicher oder mündlicher Form. Daraus entsteht mit Sicherheit auch ein bedachterer Umgang miteinander. Dabei bedeutet Sprache, auch einmal zu schweigen, (zu-)zuhören, indem man dem Gegenüber seine ganze Aufmerksamkeit schenkt. Oder wie der deutsche Dichter Novalis feststellte: „Sprechen und Hören ist Befruchten und Empfangen."

Auf den Blickwinkel kommt es an

Mit dem Thema Schlagfertigkeit beschäftigen wir uns in Kapitel 4 ausführlich, hier jedoch ein kleiner Exkurs, weil der direkte Bezug zur Sprache gegeben ist. Viele Menschen assoziieren spontan das Thema Schlagfertigkeit allzu oft mit dem Einsatz manipulativer Techniken oder bewährter Methoden, die geeignet sind, andere „mundtot" zu machen. Schlagfertigkeit kann man jedoch eher mit einem spielerischen und humorvollen Umgang mit Sprache gleichsetzen. Eines der bekanntesten historischen Beispiele von friedvoller Schlagfertigkeit ist folgendes:

Im 19. Jahrhundert sorgte in Paris die Beschlagnahme von Weizen für einen Volksaufruhr. Der Kommandant einer Musketierkompanie erhielt daraufhin den Befehl, auf das demonstrierende Volk, genannt „canaille", zu schießen. Dieser Mann tat sich schwer, auf seine Mitbürger zu schießen. Um sich aus der Affäre zu ziehen und seinen Auftrag jedoch zu erfüllen, ließ er sich Folgendes einfallen. Er befahl seinen Musketieren, durchzuladen und die Gewehre auf das aufbegehrende Volk anzuschlagen. Bevor sie schossen, trat er vor das Volk mit dem Befehl in der Hand und verkündete lautstark: „Mesdames, Messieurs, laut meinem Befehl soll ich auf die »canaille« schießen lassen. Da ich hier nur ehrenwerte Bürger sehe, bitte ich Sie, fortzugehen, bevor ich die Schießerei anordne." Innerhalb weniger Minuten verschwand die Menschenmenge, und er verhinderte ein Blutbad.

Noch immer gilt der Spruch des Dichters Joachim Ringelnatz: „Humor ist der Knopf, der verhindert, dass uns der Kragen platzt." Vier Beispiele von einem humorvollen Umgang mit der Sprache:

1. Während eines Radio- oder Fernsehinterviews sagt Ihnen der Journalist: „Sagen Sie, Frau Schmidt, schämen Sie sich nicht, so reich zu sein?" Statt sich zu rechtfertigen, können Sie gekonnt kontern: „Reichtum ist besser als Armut, jedenfalls in finanzieller Hinsicht."

2. Sie sind der letzte Redner auf einer Veranstaltung und Ihre Vorredner haben ihre Redezeit überzogen. So fangen Sie an: „Meine Damen und Herren, ich weiß, Sie warten schon auf Ihr Glas Sekt. Ich habe die Ehre der »Absacker-Rede« und werde mich kurz fassen."

3. Sie sitzen bei einem bereits bekannten Kunden in einer Preisverhandlung. Er sagt Ihnen: „Sie nehmen es von den Lebendigen!" Sie greifen den Ausdruck auf und assoziieren: „Von den Toten können wir es ja nicht mehr."

4. Jemand sagt Ihnen, dass er keine Zeit hat: „Sie können Ihrem Leben nicht mehr Tage geben, aber den Tagen mehr Leben."

So sprachgewandt Sie auch sein wollen und können, manchmal ist es besser, zu schweigen, nicht jeden Gedanken sofort auszusprechen – es geht darum, einfach einmal zuzuhören. Wie der deutsche Schauspieler Siegfried von Vegesack sagte: „Am Anfang war das Wort, aber vor dem Wort war das Schweigen", oder wie es ein jüdisches Sprichwort belegt:

> „Am rechten Ort das rechte Wort
> Hilft wohl in allen Lagen fort,
> Und doch gebührt dem der Preis,
> Der, wenn es gilt, zu schweigen weiß."

Die Magie der Stimme

Sicher ist Ihnen schon einmal Ähnliches passiert: Sie telefonieren zum ersten Mal mit einem Menschen, hören dessen Stimme und „schmelzen nur so dahin". Da ist es oft gar nicht so entscheidend, was derjenige sagt (vorausgesetzt Sie können dem Inhalt überhaupt noch folgen). Sie sind einzig und allein fasziniert von der Stimmlage, von dem, was diese Stimme über den Inhalt hinaus verspricht.

Und umgekehrt hatten Sie sicher auch schon Begegnungen der merkwürdigen Art – zumindest was die Stimme anbelangt. Da spricht Sie ein wirklich männliches Wesen mit einer Micky-Maus-Stimme an und so gar kein „Weibchen" gibt ein „Gekiekse" von sich – zum Davonlaufen. Unsere Stimme drückt aus, was wir denken und wie wir uns fühlen, ob wir ehrlich meinen, was wir sagen, und ob unser Inneres mit dem, was wir sagen, übereinstimmt. Eine »stimmige« Stimme haben Menschen, die sich selbst akzeptieren, die zu ihrer Persönlichkeit JA sagen, die sich ganz einfach mögen – in dem, was sie sind und was sie tun.

Täglich benutzen Sie Ihre Stimme. Sie sprechen, telefonieren, flüstern, schimpfen, lachen, geben dem, was Sie sagen, einen Klang. Wie bei einem Instrument kommt es nun darauf an, diese Stimme zu stimmen. Trainieren Sie Ihre Stimme, indem Sie z.B. einen ganz bestimmten Satz jeden Tag am Morgen vor Ihrem Spiegel wiederholen. Nutzen Sie die Möglichkeit der Autosuggestion, indem Sie sich immer wieder sagen: „Ich habe eine wohlklingende, warme Stimme. Diese nutze ich jeden Tag, um als Persönlichkeit zu wachsen."

1.2 Zuhören oder: Von der Macht des Schweigens

Hören können wir, sofern wir gesund sind, alle. Wir hören tagtäglich, nahezu ununterbrochen – das Bimmeln des Weckers, ein „Guten Morgen", am Frühstückstisch die Wettervorhersage des Radios und das Gemaule des Juniors über die Schule, im Auto die Staumeldung und im Büro das kontinuierliche „Gesumm" von Telefonaten, Computertastaturen, Geräusche von der Straße ...

Anders sieht es da schon mit dem Zuhören, dem bewussten Sich-einem-anderen-Widmen aus. Ganz Ohr sein – wer will das noch? Und einem anderen sein Gehör schenken – wer kann das noch? Hetzen wir nicht alle von Termin zu Termin, und wenn wir uns, was ja nicht selten vorkommt, mit einem anderen Menschen unterhalten, hören wir dann wirklich zu? Oder sind wir, während der andere spricht, nicht schon bei der Formulierung der Antwort, unterbrechen den anderen sogar, um unsere Geschichte zu erzählen. Oder sogar schon meilenweit weg, bei unserem nächsten Tagesordnungspunkt? Es genügt also nicht, in einer Besprechung z.B. einfach nur den Mund zu halten.

Es gibt immer weniger Menschen, die wirklich zuhören können. Bei denen wir einfach mal draufloserzählen können. Bei denen wir Sorgen und Nöte loswerden. Die einfach nur zuhören, aufnehmen – ohne gleich zu antworten, eigene Erlebnisse zum Besten geben oder mit Ratschlägen – wenn auch unbeabsichtigt – genau diese austeilen. Zum Hören brauchen wir (nur) zwei Ohren, zum Zuhören brauchen wir unser ganzes Selbst.

Der amerikanische Psychologe Carl R. Rogers entwickelte folgende Techniken für aktives Zuhören:

1. Paraphrasieren: Hier wird Gehörtes mit eigenen Worten wiedergegeben. Damit stellen Sie sicher, den Inhalt des Gesagten auch richtig verstanden zu haben.

2. Verbalisieren: Damit fassen Sie Gefühle Ihres Gesprächspartners, der zwar die Geschichte erzählt, letztendlich die eigenen Gefühle jedoch nicht ausdrücken kann oder will, in Worte, z.B.: „Das hat dich sicher sehr verletzt!"

3. Nachfragen/Fortführen: Durch aktives Nachfragen und Fortführen des Gedankens helfen Sie dem Sprechenden, z.B.: „Wie hat Herr Busch reagiert, nachdem du dich so geäußert hattest?"

4. Zusammenfassen: Eine Zusammenfassung der wichtigsten Inhalte des Gesprächs stellt sicher, dass beide Gesprächspartner auf dem gleichen Informationslevel sind.

5. Klarheit: Damit gehen Sie sicher, dass beide Seiten auch das Gleiche meinen und vom Selben sprechen. So kann z.B. das Wort Vertrauen für verschiedene Menschen auch unterschiedliche Bedeutungen haben. Zögern Sie also nicht, Dinge, die offensichtlich nicht richtig verstanden wurden, durch Fragen zu klären.

6. Abwägen: Oft kommen beim Zuhören mehrere Dinge auf einmal zur Sprache, die den anderen bewegen. Helfen Sie ihm abzuwägen, welcher Punkt der schwierigere für ihn ist, indem Sie z.B. fragen: „Was hat dich mehr getroffen, als du persönlich beleidigt wurdest oder als deine Familie mit hineingezogen wurde?"

Einfühlungsvermögen statt Technik

Die Frage des richtigen Zuhörens ist keine Frage der richtigen Technik, sondern eine Frage des Einfühlungsvermögens. Je mehr Sie sich innerlich und als ganzer Mensch Ihrem Gegenüber widmen, umso besser werden Sie zuhören können. Hören Sie mit den Ohren, mit Herz und Verstand und Sie werden dem anderen Menschen näher kommen. Versetzen Sie sich in die Lage Ihres Gesprächspartners, fühlen und leiden oder freuen Sie sich mit ihm. Halten Sie Blickkontakt, damit der andere auch das gute Gefühl hat, „der ist ganz bei mir". Die Zeit, die Sie zum Zuhören verwenden, ist sicher gut investiert, wenn Sie dadurch größere Probleme schon vorher aus der Welt schaffen können. Sie schaffen Vertrauen, erlangen Sympathie und schützen sich vor Missverständnissen, wenn Sie aufmerksam zuhören. Sie vermeiden Stress, für sich selber und für Ihr Gegenüber, wenn Sie sich ganz auf ihn, auf diesen Moment, konzentrieren.

Konzentration ist beim Zuhören eine wichtige Eigenschaft. Denn nur, wenn Sie sich auf die andere Person und deren Anliegen fokussieren können, schenken Sie als Zuhörender die volle Aufmerksamkeit. Dadurch ergibt sich Vertrautheit, weil der andere merkt, dass er mit seinem Problem, seiner Freude nicht alleine dasteht. Und Verständnis oder auch Hilfe, die Geschichte neu zu überdenken, weil man erfährt, was der Gegenüber als Außenstehender über eine bestimmte Sache denkt.

Schweigen und Geduld

Dalai Lama sagte: „Bedenke, dass Schweigen manchmal die beste Antwort ist." Geschwätzigkeit überall, jeder hört sich gerne reden, will dem anderen seine Geschichte erzählen, hat selbst etwas erlebt, das er zum Besten geben will – kann den Mund einfach nicht halten, d.h. zuhören und einfach einmal Schweigen. „Ich meine nicht das Schweigen, das entsteht, weil man nichts zu sagen hat und nichts weiß, auch nicht jenes der Verachtung und Demütigung, schon eher das der Ehrfurcht und des Staunens und der überwältigenden Beeindruckung. Insbesondere jedoch meine ich ein Schweigen, das den Menschen seine innere Fülle und Wertigkeit gewahr werden lässt, aus der heraus Worte als Botschaften an andere entstehen, und ein Schweigen, das den Worten der anderen intensive Aufmerksamkeit zollt und dadurch die Würde des anderen respektiert." Diesen Worten von Bernhard A. Grimm aus seinem Buch „*Ethik des Führens*" ist nicht viel hinzuzufügen. Denn auch Schweigen ist eine Form der Kommunikation, in der zwar keine Worte, dafür aber Aufmerksamkeit ausgetauscht werden.

In einer Zeit, in der alles immer hektischer wird, in der eMails sofort beantwortet sein wollen, in der den ganzen lieben Tag lang keine ruhige (!) Minute bleibt, wo sollen wir sie da hernehmen, die Geduld, um einmal zu schweigen, dem anderen seine volle Aufmerksamkeit zu schenken, ihm bewusst zuzuhören? Wer geduldig einem anderen bis zum Schluss zuhört, kommuniziert vom Feinsten. So widersprüchlich sich das auch anhören mag – er widmet sich mit allen kommunikativen Fähigkeiten, außer einer, der Sprache, seinem Gegenüber.

Die Stille ertragen lernen

In meinen Seminaren mache ich manchmal den Test, ein paar Sekunden nichts zu sagen. Es dauert in der Regel keine zehn Sekunden, bis jemand dieses Schweigen bricht. Die meisten Menschen können die Stille nicht ertragen. Und haben auch Angst, weil sie vielleicht die Erfahrung gemacht haben, dass andere ihr Schweigen ausnutzen. Drehen Sie den Spieß doch einfach mal um und nutzen Sie zukünftig das Schweigen, wenn jemand Sie verbal attackiert. Legen Sie eine Schweigepause ein. Wichtig ist nur, dass Sie Augenkontakt zu dem Angreifer halten. Sonst würde plötzlich diese alte lateinische Weisheit gelten: *Qui tacet, consentire videtur. (Wer schweigt, scheint zuzustimmen.)* Dadurch, dass Sie Augenkontakt zu dem Angreifer halten, signalisieren Sie ihm nonverbal Selbstsicherheit. Er merkt, dass die Wirkung seines Angriffes verpufft ist und ergreift in der Regel wieder das Wort. Unsere Erfahrung hat uns gezeigt, dass der Angreifer oft das Thema wechselt oder den ursprünglichen Angriff abschwächt.

Das Bewusstsein für die eigene Ruhe und die Gelassenheit, auch einmal die Stille zu ertragen – das ist es, was wir Menschen wieder lernen müssen. Denn nur wer bereit ist, auch einmal still zu sein, kann zuhören. Und nur wer bereit ist, einmal wirklich innezuhalten, wird das Gesagte auch verstehen. Ein Grund mehr, das aktive Zuhören zu forcieren und auch menschlich zu praktizieren.

Hmm ...

Leider scheint das Aktive Zuhören in der letzten Zeit in Seminaren wohl zu oft unterrichtet worden zu sein: Ich behaupte jetzt einfach provokativ, dass dieses „Hmm, hmm" oft auch eine Missachtung des Gegenübers bedeutet. „Hmm, hmm" kann auch folgendermaßen interpretiert werden: „Das, was Sie sagen, interessiert mich zwar, jedoch tangiert es mich nur peripher." Ihr Gegenüber kann dadurch sehr schnell das Gefühl haben: Ich bin missverstanden worden. Und Sie wissen: Die Beziehungsebene ist eines der wichtigsten Elemente in der Kommunikation. So eingesetzt ist das „Hmm, hmm" – auch am Telefon – nämlich auch eine manipulative Technik aus der Dialektik: „Ich sage nichts, um zu erfahren, was du mir sagen möchtest." Wenn das „Hmm, hmm" im Gespräch öfter eingesetzt wird, hat es fatale Wirkungen und belastet die Beziehungsebene in hohem Maße.

„Schweigen ist eines der am schwierigsten zu widerlegenden Argumente", so Josh Billings.

1.3 Ohne Worte – Körpersprache

„**D**ie Sprache braucht nicht immer Worte", sagte schon François Mitterrand, 1981 – 1995 französischer Staatspräsident, Sprachliebhaber und einer der besten Rhetoriker und Dialektiker des 20. Jahrhunderts im französischen Sprachraum.

Ohne Worte ist die Sprache so verständlich wie nie. Denn die Körpersprache ist unser elementarstes Kommunikationsmittel. Beobachten Sie doch einfach mal eine Mutter mit einem kleinen Kind, das noch nicht sprechen kann. Wie innig und wie klar ist deren Sprache. Augen sprechen Bände. Und die Gestik macht den Rest. Körpersprache ist für kleine Kinder nun mal die einzige Möglichkeit, mit anderen in Kontakt zu kommen. Da wird sich gewunden, die Beinchen in die Höhe gestreckt, da weisen Hände den Weg und zeigen Finger auf Gegenstände, deren sprachlicher Begriff den Kindern noch nicht einmal bekannt ist.

Die Körpersprache als Fremdsprache

Auch wenn wir als Erwachsene mit Sprache anders umgehen und manchmal Dinge sagen, die wir so gar nicht meinen – unser Körper zeigt die Wahrheit. Wir lernen Fremdsprachen, wie Englisch, um uns international verständigen zu können. Jedoch was beobachten Sie, wenn Sie in einem Land Urlaub machen, dessen Sprache Sie nicht beherrschen? Plötzlich reden Sie wieder „mit Händen und Füßen". Körpersprache überwindet alle Grenzen der Welt. Und doch ist die Körpersprache zu einer Fremdsprache geworden.

Viele Menschen haben ihrem Körper eine Bandage verpasst und das Gesicht ist zur Maske geworden. Um nur ja keine verborgenen Regungen nach außen zu lassen, leben viele Menschen als „Schauspieler" unter uns. Sie lächeln nur noch monoton und stolzieren durch die Gegend, weil jemand mal gesagt hat, dass ein Lächeln und eine aufrechte Körperhaltung der größte Erfolgsgarant sind. Sind sie ja auch, wenn das, was nach außen gezeigt wird, auch zu den im Inneren befindlichen Gefühlen passt. Umgekehrt sprechen viele euphorisch von bestimmten Projekten und wollen z.B. ihre Mitarbeiter begeistern, aber ihr Körper straft die Worte Lügen. Oder würden Sie jemandem Glauben und Vertrauen schenken, der bei der Präsentation den Kopf eingezogen und die Schultern gesenkt hat und den Zuhörern nicht einmal in die Augen schaut? Der hat doch etwas zu verbergen! Da steckt doch etwas im Busch! All das sind Assoziationen, wenn das Gesagte nicht mit der Körpersprache übereinstimmt.

Der Austausch zwischen Körper und Sprache

Das gesprochene Wort gibt Ihnen als Zuhörer die Information, die Körpersprache liefert Ihnen – zum Teil auf unbewusster Ebene – weitere Zusatzinformationen. Wenn beide zusammen passen, übereinstimmen – dann ist alles o.k., oder auch nicht. Optisch kann dies folgendermaßen aussehen:

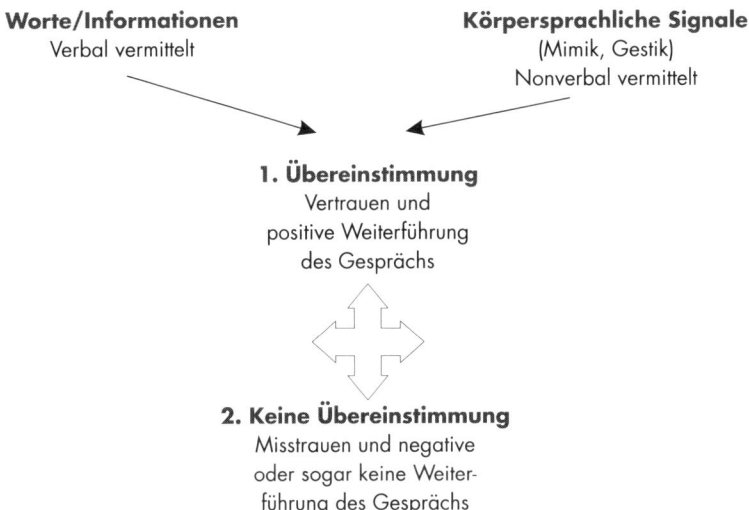

Worte/Informationen
Verbal vermittelt

Körpersprachliche Signale
(Mimik, Gestik)
Nonverbal vermittelt

1. Übereinstimmung
Vertrauen und
positive Weiterführung
des Gesprächs

2. Keine Übereinstimmung
Misstrauen und negative
oder sogar keine Weiter-
führung des Gesprächs

Bedenken Sie, dass ein ständiger Austausch zwischen diesen beiden Ebenen stattfindet, ob Sie dies wollen oder nicht. Respektieren Sie dies und achten Sie zuerst bei sich selbst darauf, wie Sie wohl wirken, ohne bereits ein einziges Wort gesprochen zu haben – und auch während des weiteren Verlaufs eines Gespräches. Nachfolgende vier Punkte gilt es zu berücksichtigen:

1. Körpersprache wirkt ohne gesprochene Worte.
2. Eine negative Körpersprache kann ein Gespräch gar nicht entstehen lassen.
3. Eine positive Körpersprache kann ein inhaltlich negatives Gespräch auf der Beziehungsebene verbessern.
4. Ein fester Standpunkt und eine ruhige Art beeinflussen jedes Gespräch positiv.

„Handschuh der Seele"

Der berühmte Pantomime und Körpersprache-Experte Samy Molcho spricht vom „Körper als Handschuh der Seele" und schreibt in dem Standardwerk zum Thema *Körpersprache*: „Ich glaube nicht an den Dualismus von Körper und Seele. Beide sind voneinander untrennbar. Wir müssen uns nur die einfache Frage stellen: Habe ich einen Körper oder bin ich mein Körper? Für mich ist die Antwort klar: Solange ich lebe und mit anderen lebendig kommuniziere, bin ich mein Körper. Die englische Sprache hat für diese Identität eindeutige Begriffe. »Somebody« ist jemand, »nobody« ist niemand. Ohne Körper keine Existenz und kein Begriff von uns selbst. ... Wenn wir offene Sinne und ein waches Auge für die Signale und Kommentare unserer Körpersprache haben, können viele Gespräche und Begegnungen leichter und erfolgreicher verlaufen."

Die Einheit von Sprache und Körper

Eine gekonnte Kommunikation setzt eine Einheit von Sprache und Körpersprache voraus. Viele Menschen sind auf der Suche nach Patentrezepten. Natürlich kann man bestimmte dialektische Methoden einstudieren oder sich Allerweltssprüche antrainieren. Leider verpufft die Wirkung dieser Techniken oft schnell, weil die Körpersprache mit den verbalen Äußerungen nicht übereinstimmt. In der Trainingspraxis wird oft festgestellt, dass kommunikative Menschen eine offene Körpersprache haben. Wenn jemand die Hände leicht geöffnet hat, signalisiert er unbewusst, dass er kommunikativ ist: Ich bin für das Gespräch offen und gelöst.

Gestenreiches Sprechen ist auch von Vorteil. Dadurch gebe ich meinen Gesprächspartnern das Gefühl, dass ich mich in ihrer Umgebung wohl fühle. Sie spüren auch meine Bereitschaft, sie mit einzubeziehen. Die Seminarerfahrungen haben uns gezeigt, dass zwei Haltungen Todsünden für eine offene Kommunikation sind:

1. Sie geben eine richtige Antwort oder tragen Argumente inhaltlich überzeugend vor und verschränken dabei die Hände hinter dem Rücken. In diesem Fall überwiegt der Eindruck von Hilflosigkeit.

2. Sie geraten ins Kreuzfeuer während einer Diskussion oder eines Interviews. Sie kontern sehr schlagfertig und halten dabei die Arme verschränkt auf der Brust. In diesem Fall überwiegt der Eindruck von Unsicherheit oder arroganter Abwehr.

Vom Pacen und Spiegeln

Die Körpersprache ist zu einem hohen Anteil an dem Erfolg Ihrer Gespräche beteiligt. Aus dem NLP (Neurolinguistisches Programmieren) stammen die Begriffe des „Pacen" und „Spiegeln". Beides bedeutet, die eigene Körpersprache der seines Gesprächspartners situativ anzupassen. Ähnlich wie bei der Sprechgeschwindigkeit und Kommunikationsart schwingt man dadurch mit dem Gegenüber, d.h. man befindet sich „auf der gleichen Wellenlänge". Natürlich darf dies alles nicht übertrieben wirken.

Kein Schauspiel ist gefragt, sondern das natürliche Übernehmen kleiner Akzente in der Körpersprache Ihres Gegenübers. Wenn dieser sich z.B. in einem Gespräch am Schreibtisch nach vorne beugt, können Sie dies auch tun. Wenn Ihnen jemand gegenüber sitzt, der eher zurückhaltend ist, gehen Sie nach Möglichkeit auf diese Zurückhaltung erst einmal ein.

Stellen Sie sich doch nur einmal vor: Ihr Gegenüber ist eher zurückhaltend, und Sie als aktiver Verkäufer bedrängen ihn förmlich, rücken ihm körperlich immer näher, lassen ihm keinen Freiraum mehr. Genau diesen braucht Ihr Gesprächspartner jedoch. Respektieren Sie die von ihm gesetzten Grenzen, sonst gewinnen Sie keinen Geschäftspartner und schon gar keinen Freund.

Wenn Menschen einander vom ersten Augenblick an sympathisch sind, geschieht dieses Sich-Annähern durch Spiegeln fast automatisch. Treffen Sie allerdings einen Menschen, mit dem Sie nicht gleich auf einer Wellenlinie liegen, nutzen Sie diese Methode, um sich Ihrem Gegenüber zumindest anzunähern. Mit der Methode des Spiegelns können Sie das Einander-Annähern bewusst steuern und vorantreiben – vorausgesetzt, Sie wollen eine gute Gesprächsgrundlage schaffen und im Gespräch soll dann eine Win-Win-Situation entstehen. Geschulte Kommunikatoren schaffen es nach einer gewissen Einschwingphase sogar, ihr Gegenüber regelrecht zu führen. Durch das Spiegeln des Gegenübers, das dieser als sehr angenehm empfindet, können diese erfolgreichen Kommunikatoren sehr bald auch die Bewegungen des Gegenübers lenken.

Stellen Sie sich bitte noch einmal vor, dass sich zwei Menschen in einem Vertragsgespräch am Schreibtisch gegenüber sitzen. Der Kunde sitzt eher reserviert hinter dem Schreibtisch. Nach der Einschwingphase macht der Verkäufer folgendes: Er legt einen Vertrag auf den Schreibtisch, deutet mit dem Stift auf verschiedene wichtige Details für den Kunden und lockt ihn so „aus der Reserve". Der Kunde muss aus seiner reservierten Haltung nach vorne an den Schreibtisch kommen, um die für ihn interessanten Details nachvollziehen zu können. Erfahrene Verkäufer wissen, dass dies ein Zeichen von Interesse ist und nutzen diesen Moment zur Unterschrift. Natürlich soll dies nicht ein Allheilmittel sein, um jede Unterschrift zu bekommen. Als fairer Verkäufer müssen Sie dafür sorgen, dass der Kunde auch wirklich das bekommt, was er braucht. Dann ist diese Methode des Pacens und Spiegelns ein wunderbares Mittel für eine erfolgreiche Gesprächsführung. Wenden Sie diese Techniken bitte nur unter dem Aspekt der Fairness an. Denn wer versucht, eine Entscheidung zu erzwingen, wird langfristig wenig erfolgreich sein. Deshalb gilt, speziell wenn es um den Einsatz von solchen Mitteln geht:

Fördern	⟶	JA
Motivieren	⟶	JA
Manipulieren	⟶	NEIN

Lesetipps:

Wenn Sie mehr zum Thema NLP erfahren wollen, empfehlen wir folgende Bücher:

Dilts, Robert B.: Die Magie der Sprache. Junfermann, Paderborn 2001
Bandler, Richard & Donner, Paul: Die Schatztruhe. NLP im Verkauf. Neue Wege und Übungen zum Erfolg. Junfermann, Paderborn ³1999

Wenn Sie noch zusätzliche Tipps zum Thema Körpersprache möchten, empfehlen wir Ihnen folgende Standardwerke:

Argyle, Michael: Körpersprache und Kommunikation. Junfermann, Paderborn ⁸2002
Molcho, Samy: Körpersprache. Goldmann, München 1996

1.4 Übungen

Schon der deutsche Erzähler Theodor Fontane sagte: „Das Menschlichste, was wir haben, ist doch die Sprache, und wir haben sie, um zu sprechen." Lassen Sie uns also gemeinsam an unserer Sprache, an der Ausdrucksweise arbeiten. Hier vier Übungen zu den entscheidenden Themen:

1. Aktives Sprechen

Üben Sie zu sprechen, wo immer die Möglichkeit besteht. „Melden" Sie sich zu Wort, diskutieren Sie mit Freunden, argumentieren Sie mit Leidenschaft und führen Sie Selbstgespräche – mit all diesen Aktionen trainieren Sie Ihre Ausdrucksfähigkeit. Aktives Sprechen beinhaltet die Wortwahl genauso wie den Satzbau sowie auch Sprechgeschwindigkeit, Tonhöhe und sogar Mimik, Gestik und Körpersprache.

Eine aktive Übung, die Sie regelmäßig durchführen sollten, ist folgende: Nehmen Sie fünf Begriffe, die inhaltlich nicht zusammenpassen, z.B.

Schlange

Kuckucksuhr

Buch

Küche

Bilderrätsel

und machen Sie daraus innerhalb von fünf Minuten eine kurze Geschichte, die Sie anschließend frei vortragen. Sinnvollerweise nutzen Sie, falls Sie keine Zuhörer haben (wollen), eine Kamera oder zumindest einen Kassettenrecorder. Sie benötigen nämlich ein Kontrollinstrument. Und zögern Sie nicht, überprüfen Sie anschließend Ihre Geschichte nach den oben genannten Kriterien und lernen Sie aus jedem Fehler, den Sie machen – nur so werden Sie zu einem Meister der Sprache und Kommunikation.

Eine sinnvolle Übung für aktives Sprechen ist es auch, gelesene Manuskripte, ob nun Geschichten, technische Fachbeiträge oder allgemeine Artikel, zu kürzen und mit eigenen Worten nachzuerzählen. Machen Sie eine neue Geschichte daraus, die inhaltlich zwar das Gelesene wiedergibt, jedoch auch Ihre Sprachfähigkeit aufzeigt.

2. Wortwahl

Worte sind sicher nicht nur „Schall und Rauch", wie ein bekanntes Sprichwort sagt, denn Worte bilden den Kern jeder sprachlichen Begegnung. Je mehr Worte Sie kennen und verstehen, umso besser können Sie sich ausdrücken. Deshalb eine kleine Übung zur Wortwahl: Nehmen Sie sich einen Begriff, wie z.B. Liebe, und schreiben

Sie alle Worte, die Ihnen als Alternative zu diesem Begriff (z.B. Vertrauen, Verliebtheit, Zuneigung) einfallen, auf. Dies bereichert Ihren Wortschatz um ein Vielfaches und hilft Ihnen, zukünftig im Gespräch lebendiger und abwechslungsreicher zu formulieren.

Eine zweite Übung, die Sie tagtäglich im Sprachgebrauch trainieren können: Vermeiden Sie so genannte „Weichmacher" oder „Stacheldrahtwörter"/„Reizwörter", wie z.B.

eigentlich

eventuell

man

sollte

könnte

müsste

aber

trotzdem

Wenn Sie sich einmal darauf programmieren, während eines Gesprächs auf diese Weichmacher bzw. Stacheldraht- oder Reizwörter bewusst zu achten, werden Sie staunen, wie oft Sie diese benutzen.

3. Zuhören

Wenn uns jemand wirklich aufmerksam zuhört, haben wir das Gefühl, verstanden und sogar geschätzt zu werden. Schließlich nimmt sich unser Gegenüber ja Zeit für uns, unser Anliegen, unsere Themen, unsere Schwierigkeiten. Wirklich zuhören können Sie trainieren, und zwar mit folgender Übung:

Setzen Sie sich zu zweit zusammen und der Partner A erzählt über einen Zeitraum von fünf Minuten etwas aus seinem Leben. Inhalt kann die Arbeit sein, die Familie oder das außergewöhnliche Hobby. In dieser Zeit muss Partner B aufmerksam zuhören. Er darf nicht sprechen, nichts bestätigen, außer mit einem Kopfnicken, oder erwidern, außer mit der Mimik, die Anteil nimmt. Am Ende des Gespräches muss Partner B den Inhalt richtig zusammenfassen können. Dann wechseln Sie die Konstellation und alles geschieht in umgekehrter Reihenfolge.

Sie werden merken, dass es auf der einen Seite gar nicht so leicht ist, wirklich zuzuhören – ohne gleich mit eigenen Erlebnissen aufzuwarten oder voller Neugierde Fragen zu stellen. Und umgekehrt werden für den (weniger geübten) Sprechenden fünf Minuten oft zur Ewigkeit. Lassen Sie sich auf diese Übung ruhig einmal ein und machen sie sehr konzentriert. Sie werden viel an persönlicher Erfahrung für zukünftige Gespräche lernen.

4. Körpersprache

Eine ganz einfache und doch immer wieder wirkungsvolle Übung, um die Bedeutung der Körpersprache am eigenen Leib zu erfahren, ist folgende: Setzen Sie sich einmal mit rundem Rücken, hängenden Schultern und tieftraurigem Gesicht hin, starren in den Boden, schütteln verzweifelt den Kopf und sagen zu sich selbst: „Das ist ein schöner Tag. Es geht mir heute so richtig gut!" Und umgekehrt: Stellen Sie sich einmal hin, richten sich körperlich auf, strahlen von einem Ohr zum anderen, blicken voller Zuversicht in die Zukunft und sagen: „Das Leben ist ungerecht. Mir geht es heute so richtig schlecht!" Sie werden selbst merken, dass beides nahezu unmöglich ist. Ihre eigene Körpersprache zeigt (zumindest in Nuancen) auf, wie es Ihnen geht, auch wenn Sie manchmal versuchen, aber wirklich nur versuchen, mit Ihrer Sprache etwas anderes auszudrücken. Fachleute sprechen von Kongruenz zwischen mentalem Zustand und körpersprachlichem Ausdruck.

Die beste Schule für Körpersprache ist es übrigens, einfach Menschen zu beobachten. Setzen Sie sich in das Foyer eines großen Hotels, gehen Sie zum Bahnhof oder Flughafen oder an einem Sonntagnachmittag einfach mal in einen belebten Park. Nirgends können Sie besser studieren, wie Körpersprache unbewusst wirkt. Da Sie in den meisten Fällen die Gespräche, sofern vorhanden, gar nicht hören, können Sie sich dort voll und ganz auf den Ausdruck des Körpers konzentrieren.

Die drei wichtigsten Punkte für mich:

1. _____

_____

_____

2. _____

_____

_____

3. _____

_____

_____

Mein Umsetzungsplan:

Folgende Ideen werde ich umsetzen:

Noch heute:

_____

_____

_____

Morgen:

_____

_____

_____

In der nächsten Woche:

_____

_____

_____

1.5 Inspiration: Von der Sprache zur Kommunikation

Zwar sagte Elias Canetti, österreichischer Schriftsteller spanisch-jüdischer Herkunft und 1981 Empfänger des Nobelpreises für Literatur: „Es gibt keine größere Illusion als die Meinung, Sprache sei ein Mittel der Kommunikation zwischen Menschen", doch wollen wir uns von dieser Aussage nicht verunsichern lassen. Wo Menschen zusammenkommen, wird gesprochen. Ob miteinander oder aneinander vorbei sei zunächst dahingestellt. Denn so viel Sprache und so viele Wörter es gibt, so viele Möglichkeiten gibt es auch, mit Sprache – richtig oder falsch – umzugehen. Ob nun ein kleines Kind „Mama, Pipi", eine Führungskraft „Lassen Sie uns dieses Projekt zu einem außergewöhnlichen Erfolg machen" oder ein Professor von der „Quadratur des Kreises" spricht – Sprache ist die Grundvoraussetzung für Kommunikation. Und damit liegt es an jedem Einzelnen, das Beste daraus zu machen. Und der amerikanische Sprachforscher Benjamin Lee Whorf stimmt dem zu, wenn er sagt: „Wann immer in menschlichen Angelegenheiten ein Übereinkommen oder eine Zustimmung zustande kommt, dann geschieht dies durch sprachliche Prozesse, oder es wird überhaupt nicht erreicht."

2. Kommunikation

Lange ist es her, als August Heinrich Henckel von Donnersmarck, Ordensgeistlicher aus einer schlesischen Fürsten- und Großindustriellenfamilie, sagte: „Die Verwirklichung des Menschen geschieht im Dialog: in der doppelten Fähigkeit zu reden und zuzuhören, zu antworten, aber auch darin, sich vom Wort treffen zu lassen. Anders gesagt: Dialog, das meint die Bereitschaft zur Kooperation." Kommunikation ist laut Duden die „Verständigung untereinander, Verbindung, Zusammenhang" – und dabei ist Kommunikation doch so viel mehr. Das Medienzeitalter lebt davon. Der Erfolg von Menschen im Privatleben genauso wie im beruflichen Umfeld hängt davon ab: *Kommunikation.* Wer mit anderen Menschen, anderen Unternehmen oder gar ganzen Nationen in Kontakt steht, muss mit einem Gegenüber kommunizieren. Die Art der Kommunikation entscheidet über die Art der Wahrnehmung des Anderen und damit über den gemeinsamen Erfolg oder Misserfolg. Nur wer sich dessen bewusst ist, wird langfristig Kommunikation als einen der Top-Erfolgsfaktoren im privaten und beruflichen Miteinander nutzen können und nicht wie der deutsche Schriftsteller Kurt Tucholsky feststellen: „Wie sprechen Menschen mit Menschen? Aneinander vorbei."

Kommunikation wird immer schneller

Im beruflichen wie auch privaten Umfeld spielt sich Kommunikation heute auf einem völlig anderen Level ab als noch vor 20 Jahren. Im menschlichen Miteinander wird immer mehr und vor allem immer schneller kommuniziert. Eine Tatsache, die im Umgang miteinander eine Herausforderung darstellt. Wer hat sich denn schon einmal intensiv mit der eigenen Kommunikation beschäftigt? Warum spreche ich so und nicht anders mit meinem Kommunikationspartner? Und wer hat sich im zweiten Schritt damit auseinander gesetzt, wie die eigene Kommunikation auf das Gegenüber wirkt. Wie kommt das, was ich sage und ausdrücken will, denn überhaupt bei meinem Kommunikationspartner an? Oft nimmt der eine gar nicht das auf, was der andere ausdrücken wollte. Und der Widerspruch zwischen dem, was gesagt wird, und dem, was gemeint ist, ist oft sehr groß. Diesen Widerspruch gilt es zu entdecken.

Wer kommuniziert, nimmt Einfluss

Gefragt ist heute mehr denn je eine faire, informative und partnerschaftliche Kommunikation. Wer kommuniziert, nimmt Einfluss – Einfluss auf den Gesprächspartner, Einfluss auf den Geschäftsverlauf, Einfluss auf das Miteinander. Wer es schafft, sich durch eine effektive Kommunikation Gehör zu verschaffen, kann andere Menschen nicht nur von sich selbst, sondern auch von Ideen besser überzeugen. Kommunikation regiert die Welt. Der amerikanische Industrielle Charles F. Kettering, zuständig für Forschung und Entwicklung bei General Motors, sagte dazu: „In einer Fünftelsekunde kannst du eine Botschaft rund um die Welt senden. Aber es kann Jahre dauern, bis sie von der Außenseite eines Menschenschädels nach innen dringt." Wenn wir es schaffen, in einer von SMS und eMails geprägten Welt durch persönliche Gespräche wieder etwas mehr Menschlichkeit und Wärme zu vermitteln, steht einer fairen Kommunikation nichts mehr im Wege.

Zeit für Kommunikation

In einer Zeit, in der alles in kürzester Zeit erledigt sein muss, in der Stress an der Tagesordnung steht und (eigentlich) keine Zeit für eine zwischenmenschliche Kommunikation mehr bleibt, möchte ich einen kleinen Exkurs zum Thema „Zeit" einlegen, und zwar mit der Geschichte vom französischen Professor:

Eines Tages wurde ein alter Professor der französischen nationalen Schule für Verwaltung (ENA) gebeten, für eine Gruppe von etwa 15 Chefs großer nordamerikanischer Unternehmen eine Vorlesung über sinnvolle Zeitplanung zu halten. Dieser Kurs war eine von fünf Stationen ihres eintägigen Lehrgangs. Der Professor hatte daher nur eine Stunde Zeit, sein Wissen zu vermitteln. Zuerst betrachtete der Professor in aller Ruhe einen nach dem anderen in dieser Elitetruppe, sie waren bereit, alles, was der Fachmann ihnen beibringen wollte, gewissenhaft zu notieren. Danach verkündete der Professor: Wir werden ein kleines Experiment durchführen.

Er zog einen großen Glaskrug unter seinem Pult hervor und stellte ihn vorsichtig vor sich hin. Dann holte er etwa ein Dutzend Kieselsteine, etwa so groß wie Tennisbälle, hervor und legte sie sorgfältig einen nach dem anderen in den großen Krug. Als der Krug bis an den Rand voll war und kein weiterer Kieselstein mehr darin Platz hatte, blickte er langsam auf und fragte seine Schüler: „Ist der Krug voll?" – Und alle antworteten: „JA!"

Er wartete ein paar Sekunden ab und fragte seine Schüler: „Wirklich?" Dann verschwand er erneut unter dem Tisch und holte einen mit Kies gefüllten Becher hervor. Sorgfältig verteilte er den Kies über die großen Kieselsteine und rührte dann leicht um. Der Kies verteilte sich zwischen den großen Kieselsteinen bis auf den Boden des Kruges. Der Professor blickte erneut auf und fragte sein Publikum: „Ist dieser Krug voll?" Dieses Mal begannen seine schlauen Schüler seine Darbietung zu verstehen. Einer von ihnen antwortete: „Wahrscheinlich nicht." „Gut", antwortete der Professor. Er verschwand wieder unter seinem Pult und diesmal holte er einen Eimer Sand hervor. Vorsichtig kippte er den Sand in den Krug. Der Sand füllte die Räume zwischen den großen Kieselsteinen und dem Kies aus. Wieder fragte er: „Ist das Gefäß jetzt voll?" Dieses Mal antworteten seine Schüler, ohne zu zögern im Chor: „Nein!" „Gut", sagte der Professor. Und als hätten seine wunderbaren Schüler nur darauf gewartet, nahm er die Wasserkanne, die unter seinem Pult stand, und füllte den Krug bis an den Rand. Dann blickte er auf und fragte: „Was können wir Wichtiges aus diesem Experiment lernen?"

Der kühnste unter seinen Schülern – nicht dumm – dachte an das Thema der Vorlesung und antwortete: „Daraus lernen wir, dass selbst, wenn wir denken, dass unser Zeitplan schon bis zum Rand voll ist, wenn wir es wirklich wollen, immer noch einen Termin oder andere Dinge einschieben können." „Nein!", antwortete der Professor. „Darum geht es nicht. Was wir wirklich aus diesem Experiment lernen können ist Folgendes: Wenn man die großen Kieselsteine nicht als Erstes in den Krug legt, werden sie später niemals alle hineinpassen." Es folgte ein Moment des Schweigens. Jedem wurde bewusst, wie sehr der Professor Recht hatte. Dann fragte er: „Was sind in Ihrem Leben die großen Kieselsteine: Ihre Gesundheit, Ihre Familie, Ihre Freunde, die Realisierung Ihrer Träume, das zu tun, was Ihnen Spaß macht, dazulernen, eine Sache verteidigen, Entspannung, sich Zeit nehmen oder etwas ganz anderes. Wirklich wichtig ist, dass man die großen Kieselsteine in seinem Leben an die erste Stelle setzt. Wenn nicht, läuft man Gefahr, sein Leben nicht zu meistern. Wenn man zuallererst auf Kleinigkeiten achtet, den Kies, den Sand, verbringt man sein Leben mit Kleinigkeiten und hat nicht mehr genug Zeit für die wichtigen Dinge. Deshalb vergessen Sie nicht, sich selbst die Frage zu stellen: Was sind die großen Kieselsteine in meinem Leben? Dann legen Sie diese zuerst in den Krug." Mit einem freundlichen Wink verabschiedete sich der alte Professor von seinem Publikum und verließ langsam den Saal.

Kommunikation macht nur dann Sinn, wenn Menschen sich Zeit füreinander und für das Gespräch nehmen. Zwischen Tür und Angel kann keine sinnvolle Kommunikation funktionieren. Die fehlende Zeit ist oft ein ausschlaggebender Grund dafür, dass Kommunikationsstrukturen gestört sind und Kommunikationsgemeinschaften nicht erfolgreich verlaufen oder gar nicht erst zustande kommen.

2.1 Kommunikationsstrukturen, -störungen und -gemeinschaft

Bekannt und oft zitiert im Zusammenhang mit Kommunikation wird Paul Watzlawick, der schreibt: „Wir können nicht *nicht* kommunizieren." Das bedeutet auch, dass, wenn wir nicht sprechen und in eine Kommunikation einsteigen, wir doch kommunizieren – durch unsere rein körperliche Anwesenheit, durch unsere Gegenwart.

Michael Löhner, Autor des Buches „*Unternehmen heißt lernen*" versteht unter **Kommunikationsfähigkeit** *die Qualität des Einflusses auf diesen Vorgang.*

Die Struktur:

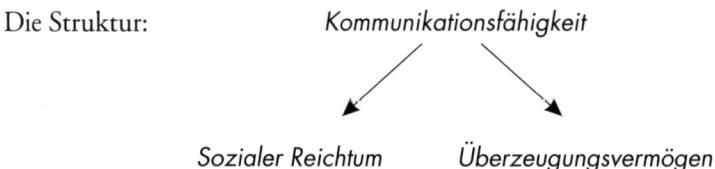

Löhner (1991, S. 201): „*Unter sozialem Reichtum ist die Menge der Interaktionsangebote zu verstehen, die jemand in verschiedenen Situationen unterschiedlichen Menschen gegenüber sozial unschädlich machen kann. Sozial unschädlich ist eine Interaktion genau dann, wenn sie sozial anschlussfähig ist. Unter Überzeugungsvermögen ist die Fähigkeit zu verstehen, das Denken anderer gegen Widerstand ändern zu können.*"

Erst Kommunikationsfähigkeit – mit oder ohne Sprache – befähigt uns, sozial in Kontakt mit anderen zu treten. Also sozialen Reichtum überhaupt aufzubauen. Kein Mensch ist eine Insel! Und wenn es doch einmal darum geht, auf einer einsamen Insel zu entscheiden, wer denn nun Holz für das Feuer vorbereitet und wer für das Abendessen verantwortlich ist – ja, dann ist Überzeugungsvermögen gefragt. Erst beides zusammen macht Kommunikationsvermögen aus. Ob einsame Insel oder Unternehmen – Kommunikation schafft (nach Schleiken & Winkelhofer 1997)

→ gemeinsame Werte für das Zusammenwachsen (Unternehmenskultur),
→ Veränderung problematischer Prägungen aus der Vergangenheit,
→ Identifikation mit Zielen, Strukturen, Strategien,
→ Eigene Bindung der Führungskräfte.

Wir können nicht *nicht* kommunizieren – so viel wissen wir. Dabei läuft Kommunikation auf verschiedenen Ebenen ab. Immer, wenn wir kommunizieren, sprechen wir nicht nur den Intellekt des Gegenübers, sondern auch dessen Emotionen an.

Kommunikation und Emotion

Kommunikation, gleich welcher Art, ob Gesagtes oder Geschriebenes, löst Emotionen aus. Diese Emotionen sind meist vorher absehbar, und wer sich selbst auf andere Menschen, deren Gefühle und Empfindungen einstellt, ist sensibilisiert, wird diese nicht nur wahrnehmen, sondern auch deuten können. Kommunikation geht in die Tiefe und spricht die Kommunizierenden immer auf mehreren Kanälen an. Ein plastisches Beispiel, das diese vier Kanäle darstellt:

Mann und Frau fahren gemeinsam im Auto. Die Frau fährt. Fünfzig Meter vor der Ampel, die Grün zeigt, sagt der Mann: „Die Ampel da vorne ist grün!" Was kommt bei der Frau an? Der erste, oberflächlichste Kanal nimmt wahr: die Ampel ist grün; also einfach die Szene an sich. Der zweite Kanal sieht die Beziehung der beiden: Beim Autofahren bin ich der bessere! Der dritte Kanal hört die eigentliche Selbstmitteilung: Ich habe Angst, dass ich zu spät komme. Oder: Mich nervt es, wenn du so langsam fährst. Der vierte Kanal zieht den Appell aus dem Gehörten: Gib Gas!

1. Kanal: Tatsache an sich
2. Kanal: Beziehung
3. Kanal: Selbstmitteilung
4. Kanal: Appell

Nach Schulz von Thun spiegeln diese vier Kanäle zugleich die vier Seiten einer Nachricht wider:

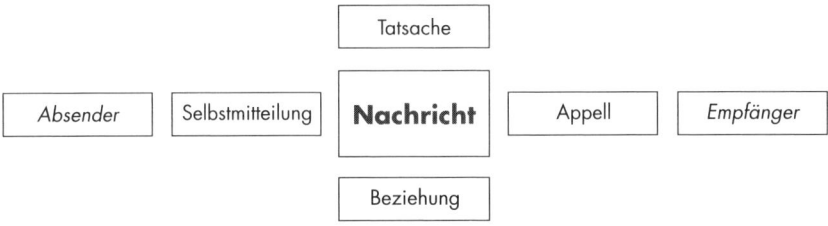

Es zeigt sich, in welche unterschiedlichen Richtungen innerhalb kürzester Zeit die meist unbewusste Deutung des Gesagten geht. Vom Zustand des Zuhörers, seiner momentanen Position, eventuell der persönlichen Situation und der persönlichen Struktur hängt es ab, welche der verschiedenen Empfindungen als entscheidend und richtungweisend erachtet werden. Deshalb gilt es für erfolgreiche Kommunikation, eine positive und eindeutige Formulierung zu wählen, die auf keinem Kanal eine negative Deutung zulässt. Je besser der Charakter des Gesprächspartners und die äußeren Umstände des Gespräches bekannt und bewusst sind, umso leichter fällt dies. Auch der Status der beiden Kommunikationsparteien (Hierarchie, Marktführer usw.) spielt dabei eine Rolle.

Schriftliche Kommunikation – gibt es das?

Besonders schwierig gestaltet sich die Kommunikation, wenn sie nahezu ausschließlich auf schriftlichem Weg erfolgt. Es findet keine Wahrnehmung der Mimik und Gestik statt. Die Kommunikationspartner können im Moment des Austauschs nicht für sich entscheiden, ob Ihnen das Gesagte durch die beispielsweise sympathische Ausstrahlung des Anderen positive Impulse übermittelt oder ob sie eher kritisch „auf Empfang" gehen sollen. Gefühlvolle Kommunikation wird, je unpersönlicher das Medium ist, immer schwieriger. Am Telefon ist wenigstens noch der Tonfall erkenn- und deutbar. Schriftlich stehen da meist „Schwarz auf Weiß" irgendwelche „unpersönliche" Buchstaben, die Wörter ergeben, deren Bedeutung zwar bekannt ist, die jedoch oft auf zwei oder mehrere Arten gedeutet werden können.

Gerade in der heutigen Zeit ist diese Art der zugleich schriftlichen und immer schneller werdenden Kommunikation gang und gäbe. Früher wurden nur Gespräche – unter wie vielen Augen auch immer – geführt. Vor Jahrhunderten hat man zumindest noch Briefe geschrieben, bei deren Inhalt man jedes Wort sorgfältig auswählte, um auch wirklich das auszudrücken, was man sagen wollte. Heute hingegen wird durch die modernen Wege der Kommunikation diese immer direkter. Eine eMail wird genauso umgehend wie auch kurz und knapp geschrieben und beantwortet. Der Faktor Zeit ist hier ausschlaggebend für die Qualität der Kommunikation. Je weniger Zeit wir haben, umso weniger kommunizieren wir. Je weniger Menschen miteinander kommunizieren, umso leichter entstehen Missverständnisse, Probleme und sogar Konflikte. Da gehen eMails hin und her. Eine vermeintlich effektive Kommunikation! Und doch hätte man durch ein gutes zwischenmenschliches Gespräch, zumindest am Telefon, einiges leichter, schneller und effektiver klären können. Sind nämlich erst einmal Missverständnisse entstanden, kostet es meist sehr viel Zeit und Energie, diese wieder aus der Welt zu schaffen.

Die Kunst der weichen Kommunikation

Es erfordert ein wenig Übung, jedoch kann jeder lernen, eindeutig zu formulieren und im persönlichen Gespräch genauso wie telefonisch oder schriftlich beim Gesprächspartner alle Kanäle bewusst auf die gewünschte Art anzusprechen und damit die Kommunikation in die für alle Beteiligten beste Richtung zu lenken. Die ersten Schritte sind gegangen, sobald Sie sich die Kunst der weichen und positiven Kommunikation angeeignet haben.

Es gibt verschiedene Wörter, deren Gebrauch zwangsläufig beim Kommunikationspartner das innere Ausfahren der Krallen, das verborgene Aufsetzen der Hass-Maske oder gar die völlige Blockade auslösen. Da gibt es z.B. die so genannten „Selbstmordwörter" oder „Weichmacher", mit denen sich jeder selbst in Frage stellt und seine Aussagen relativiert. Dazu gehören „eigentlich", „könnte", „sollte", „müsste", „eventuell" und „im Normalfall". Das heißt nicht, dass diese Wörter generell aus dem Wortschatz gestrichen werden müssen, sondern dass sie **sehr** bewusst gebraucht werden sollen!

Reizwörter reizen – nicht zum Erfolg!

Jeder kennt die typischen Aussagen von Vierjährigen in der Trotzphase, bei denen jeder Satz entweder mit „Aber" oder „Trotzdem" anfängt. Das sind Reizwörter, die zum Ausdruck bringen: „Ich will dich aus der Reserve locken! Wir kämpfen das jetzt aus!" Oder das meistgebrauchte Fragewort der „Knirpse": „Warum?" Jeder weiß, dass einen dieses kleine Wörtchen schier zur Verzweiflung bringen kann. Und das klappt auch bei einem selbst. Mit Fragen wie: „Warum passiert so etwas ausgerechnet immer mir?" oder „Warum habe ich diese Aufgabe jetzt auch noch bekommen, obwohl ich sowieso nicht weiß, wo mir der Kopf steht?" kommen Sie nicht so richtig weiter. Ganz im Gegenteil – „Warum ich?" „Warum jetzt?" Warum-Fragen reizen und demotivieren zugleich. Sie kennen diese innere Stimme, und auch andere Menschen reagieren auf einen solchen „Warum"-Dialog ähnlich. Zu den Reiz- oder Stacheldrahtwörtern gehören auch Aussagen wie: „Sie müssen ..." oder: „Dennoch dürfen Sie nicht vergessen, dass ..."

Diese führen allenfalls zu Diskussionen, die selten fruchtbar enden. Killerphrasen wie: „Das geht nicht, weil ..." rufen im Gesprächspartner nur Misstrauen hervor. Und schuld sind sowieso immer nur die anderen oder notfalls die Umstände.

Zeigen Sie Ihrem Gegenüber bei jeder Form der Kommunikation, dass er jetzt Ihr ungeteiltes Interesse hat. Seien Sie sich bei allem, was Sie sagen, der vier verschiedenen Empfangskanäle jedes Menschen bewusst, bleiben Sie allerdings stets gelassen. Wenn Ihr Gesprächspartner verwirrt scheint, fragen Sie freundlich und keinesfalls diskriminierend, ob er Sie verstanden hat. Formulieren Sie stets einfach und anschaulich, umso eindeutiger bleibt eine Mitteilung oder ein Gespräch. Gehen Sie immer wieder auf die Person ein und berücksichtigen Sie die ganz individuelle Sichtweise Ihres Gesprächspartners, die sich nicht zwangsläufig mit Ihrer decken muss.

> „Um Erfolg zu haben, musst du den Standpunkt des anderen annehmen und die Dinge mit seinen Augen betrachten." – *Henry Ford*

Eine Kommunikation sollte immer geprägt sein von einem Miteinander und nicht von einem Gegeneinander. Das erzeugt nur Stress und bringt Sie und Ihren Gesprächspartner dem gemeinsamen Erfolg keinen Schritt näher. Seien Sie sich dieser Tatsache auch bei der Wortwahl bewusst. Sagen Sie lieber: „Lassen Sie uns beginnen" statt: „Ich fange jetzt an, Ihnen das zu erklären." Wer steht schon gerne als kleiner dummer Schuljunge da, dem der Lehrer etwas erklären muss?

Die Körpersprache hilft, Vertrauen zu schaffen

Ein Blick sagt mehr als tausend Worte. Über die Wirkung der Körpersprache lässt sich so einiges sagen. Soweit die Form der Kommunikation es zulässt, ist es wichtig für die Gesprächspartner, eine stimmige Körpersprache zu zeigen bzw. zu sehen. Jemand, der von Begeisterung spricht und mit hängenden Schultern dasteht, die Hände in den Hosentaschen vergrabend, kann einfach nicht die Wahrheit sagen. So ist zumindest der Eindruck, der dann entsteht. Und für den ersten Eindruck gibt es meist leider keine zweite Chance. Wie soll man so einem Gesprächspartner vertrauen? Vertrauen ist jedoch die Basis für jede weiche, gewinnbringende Form der Kommunikation. Sowohl im geschäftlichen Umfeld als auch in privaten Beziehungen, wie der Partnerschaft, ist es wichtig, das Gegenüber nicht zu enttäuschen. Der Mensch vertraut auf seinen ersten Eindruck, wenn dieser stimmig ist. Wird ihm der erste Eindruck durch eine unstimmige Körpersprache genommen, ist das Vertrauen oft weg.

Wie ist denn zu erklären, dass manche Menschen überzeugender sind als andere, obwohl sie den gleichen Inhalt übermitteln? Eine große Rolle bei der Kommunikation spielt die Körpersprache mit ihren Signalen wie Gestik, Mimik, Körperhaltung, Stimm-Modulation und äußerem Erscheinungsbild. Wir reagieren oft intuitiv auf die nonverbalen Signale anderer. An der zwischenmenschlichen Kommunikation haben die nonverbalen Aspekte (körpersprachliche Äußerungen und Äußerlichkeiten sowie die Stimmelemente) *in der Wahrnehmung Ihres Gegenübers* erstaunlicherweise den ausschlaggebenden Anteil, und nicht der verbale Inhalt, wie eine amerikanische Studie belegt:

Inhalt	**7 %**
Stimme	**38 %**
Körpersprache & Äußerlichkeiten	**55 %**

Wenn Sie beispielsweise während eines Gesprächs das Gefühl haben, Ihr Gegenüber hätte Vorbehalte gegen Sie, wird dieser Eindruck möglicherweise hervorgerufen, weil er sich zurücklehnt, die Arme vor der Brust verschränkt und wenig freundlich blickt. Nur wenn verbale und nonverbale Kommunikation übereinstimmen, wirkt der Mensch überzeugend. Oder würden Sie jemandem glauben, der mit weinerlicher Stimme und heruntergezogenen Mundwinkeln behauptet, er sei gerade sehr glücklich?

Der globale Markt und die Öffnung vieler Grenzen führen zu zahlreichen Business-Kontakten mit anderen Ländern. Manchmal kommt es bei Geschäftsverhandlungen und im Umgang miteinander auf Grund der Körpersprache zu Missverständnissen zwischen Angehörigen verschiedener Kulturkreise. Ein einfaches Beispiel ist der Abstand zu einem Gesprächspartner, den ein Mensch als angenehm empfindet. In südlichen Ländern stehen Menschen im Gespräch sehr viel näher aneinander als in anderen Breitengraden. Ein Zurückweichen würde von einem Südländer als Unhöflichkeit empfunden – während eine sehr geringe Distanz bei einem Gespräch mit einem fremden Menschen in unseren Breitengraden als Aufdringlichkeit gilt.

Gleiches gilt für den Händedruck. Wenn Sie in Deutschland Ihr Gegenüber begrüßen und ihm die Hand geben, erwartet er einen festen Händedruck und einen aufrechten Blickkontakt, während ein Franzose zum Beispiel einen etwas weicheren, lockereren Händedruck mit einem etwas kürzeren Blickkontakt erwartet. Die körpersprachliche Wahrnehmung ist in hohem Maße kulturell geprägt. Eine genaue Kenntnis dieser kulturellen Feinheiten hilft, gegenseitige Vorurteile abzubauen und fatale Missverständnisse zu vermeiden. Fehlt nun dieses kulturelle Wissen, dann kann die Beziehungsebene schnell gestört sein. Der Deutsche empfindet den Franzosen als weich, nicht fassbar, nicht vertrauenswürdig, während der Franzose den Deutschen als undiplomatisch, brutal und plump wahrnimmt. Das Ganze geschieht in Bruchteilen von Sekunden und gleich herrscht Misstrauen auf beiden Seiten.

Wenn Sie als Verkäufer, Führungskraft oder Berater heute im internationalen Business Erfolg haben wollen, sollten Sie die kulturellen Eigenheiten Ihrer ausländischen Geschäftspartner kennen und deren nonverbale Kommunikation richtig interpretieren können. Ein wichtiger Aspekt in der nonverbalen Kommunikation, gerade im Umgang mit fremdländischen Kulturen, ist die so genannte Distanz-Zone.

Wahren Sie Distanz

Menschen, die Sie gleich umarmen, sind Ihnen suspekt? Und wie ist das mit dieser Bussi-Bussi-Gesellschaft, in der jeder jeden drückt und (zu) nahe kommt? Es mag Menschen geben, die das brauchen und lieben, jeden gleich zu knuddeln. Es gibt jedoch sicher noch sehr viel mehr Menschen, denen dies hochgradig unangenehm ist. Diese schätzen einen festen Händedruck, bei dem man sich in die Augen schaut – und damit hat es sich. Wahren Sie zunächst bei allen Menschen, die Sie nicht genauer kennen, eine Distanz-Zone von ca. 0,5 Meter oder mehr (Armlänge). Dies gilt als Intimdistanz, in die nicht einfach jeder so vordringen kann und darf. Vor allem Frauen reagieren sehr aggressiv auf die Nicht-Einhaltung dieser Intimzone.

Damit Sie bei der nächsten wichtigen Begegnung kein Maßband brauchen, ein kleiner Trick. Wenn Sie Ihrem Gegenüber mit leicht gewinkeltem Arm die Hand schütteln, sind Sie automatisch außerhalb der Intim-Distanz. Vorausgesetzt Sie gehören nicht zu den „Ellenbogen-Greifern", die Ihren Mitmenschen beim Händeschütteln vertrauenerweckend gleich die andere „Pfote" auf den Ellenbogen legen. Und damit natürlich gleich bekannt geben, wer hier das Sagen, die Entscheidungsbefugnis und die Macht zum Lenken hat.

In der Kommunikation mit Menschen befinden Sie sich normalerweise zwischen Intim-Distanz – zum Begrüßen und Händeschütteln – und der persönlichen Distanz. Diese umfasst den Bereich zwischen 0,5 und 1,50 Meter. Innerhalb dieses Spielraums können Sie sich frei bewegen und lassen auch Ihrem Gesprächspartner ausreichend Luft.

Die Distanz-Zone ist o.k. Sie achten auf die Körpersprache, und auch sonst kommen alle nonverbalen Signale bei Ihnen an. Ihre Antenne ist aufnahmefähig und gibt alle wichtigen Informationen umgehend an Sie weiter. Doch wie sieht es mit den Inhalten aus. Überreden Sie Ihre Gesprächspartner immer noch, oder überzeugen Sie diese bereits?

Überzeugt statt überredet

Erfolgreiche Gesprächsführung bedeutet, andere Menschen, mit denen Sie kommunizieren, zu überzeugen, statt zu überreden. Ein Beispiel: Sie blicken aus dem Fenster Ihres Büros. Dort, auf dem Firmenparkplatz steht er: Ihr neuer Wagen. Schwarz, edel und mit allen Extras ausgestattet. Am Morgen haben Sie ihn vom Fachhändler abgeholt – genau rechtzeitig für eine sehr wichtige Bilanzbesprechung beim Mandanten. Doch als Sie zu Ihrem Geschäftstermin fahren möchten, kommt die böse Überraschung: Der Wagen springt nicht an. Ihr Blutdruck und Ihr Adrenalinpegel steigen. Sie greifen zum Telefon und rufen den Autohändler an ... Das Reklamationsgespräch, das jetzt folgt, kann sehr unterschiedlich verlaufen. Viele Menschen lassen berechtigterweise zunächst einmal „Dampf" ab. Eine solche Reaktion entlastet zwar für kurze Zeit, kann jedoch oft die Fronten zwischen den Gesprächspartnern dauerhaft verhärten. Mehr erreichen Sie mit weniger Adrenalin. Bestimmte negative bis destruktive Formulierungen (z.B. so genannte „Killerphrasen") und Ausdrücke („Stacheldrahtwörter" oder „Reizwörter") rufen beim Gegenüber eine Verteidigungshaltung bzw. sogar eine emotionale Blockade hervor. Druck erzeugt bekanntlich Gegendruck – deshalb wird das Gespräch immer unsachlicher.

Beispiele für Reizwörter und -formulierungen:
→ „Jeder nur halbwegs intelligente Mensch wird verstehen, dass ..."
→ „Sie müssen ..."

→ „Sie dürfen nicht ...“
→ „Wenn Sie mir richtig zugehört hätten, dann ...“
→ „Passen Sie mal auf!“

Wer solche und ähnliche Ausdrucksweisen (auch wenn es manchmal schwer fällt) in Gesprächen vermeidet, erreicht oftmals mehr. Das Beispiel Reklamationsgespräch zeigt den Unterschied:

Kunde 1: „Sie haben mir den letzten Schrotthaufen verkauft – und zwar für teures Geld! Sorgen Sie dafür, dass in einer Stunde ein Ersatzwagen der gleichen Marke hier auf dem Hof steht – sonst wird es ein unangenehmes Nachspiel für Sie haben!“

Kunde 2: „Vor zwei Stunden habe ich meinen neuen Wagen bei Ihnen abgeholt. Vielen Dank noch einmal für die kurzfristige Auslieferung, denn ich wollte damit heute zu einem Neukundentermin fahren. Jetzt springt das Fahrzeug nicht mehr an – und ich muss in Kürze aufbrechen. Können Sie mir bitte ganz schnell einen Ersatzwagen in die Firma bringen?“

Was unterscheidet nun den ersten vom zweiten Kunden? Keine Frage, der erste Kunde kritisiert, klagt an und droht sogar. Bei allem persönlichen und auch verständlichen Ärger ist dies keine gute Ausgangsbasis für eine konstruktive Kommunikation. Kunde 2 hingegen weiß, dass er an der Tatsache, dass sein Auto nicht fährt, momentan nichts ändern kann und fügt sich in diese nun einmal eingetretene und unausweichliche Tatsache. Er schafft eine positive Gesprächsgrundlage, indem er sich zunächst für den vor diesem Ereignis erlebten Service bedankt, bevor er einen Lösungsansatz bringt. Verbesserungsvorschläge statt Kritik. Auch in der privaten Alltagskommunikation kann dieses Verfahren nützlich sein.

Beispiel: Ihr Herzblatt hat ausnahmsweise einmal die lästige Gartenarbeit gemacht – und dabei sind die Blumen zu Opfern des Unkrautzupfens geworden. Beschimpfungen bringen die Blumen nicht wieder zurück – und Sie möchten doch, dass er oder sie auch in Zukunft wieder als Hobbygärtner/in tätig wird! Versuchen Sie es mit folgender Formulierung: „Ich finde es sehr lieb von dir, dass du dich um den Garten gekümmert hast! Endlich ist das ganze Unkraut auf dem Kompost. Mir ist in der Ecke am Zaun aufgefallen, dass die Blumen weg sind. Was hältst du davon, wenn wir beim nächsten Mal vorher zusammen durch den Garten gehen und besprechen, welche Gewächse zum Unkraut gehören und welche nicht?“

Zwischen den Sätzen hören

Sie werden merken, Sie haben es selbst in der Hand, die Kommunikation so zu steuern, dass Sie auch das Ergebnis erreichen, das Sie anstreben. „Eine Persönlichkeit ist der Ausgangspunkt und Fluchtpunkt alles dessen, was gesagt wird, und dessen, wie es gesagt wird", erklärte der österreichische Schriftsteller Robert Musil. Und überlegen Sie doch selbst einmal, wie Sie angesprochen werden wollen. Ist es Ihnen nicht auch lieber, auf eine angenehme Art zu kommunizieren, als jedes Gespräch zu einem Gefecht heranwachsen zu lassen? Genießen Sie jedes Gespräch mit einem anderen Menschen und kommen Sie einander mit Worten, Gesten und Mimik näher. Sicher kennen Sie das Sprichwort „Zwischen den Zeilen lesen". Frei übersetzt bedeutet dies für die Kommunikation: Hören Sie zwischen dem Gesagten! Oder wie der amerikanische Managementlehrer, -berater und -publizist österreichischer Herkunft, Peter F. Drucker sagt: „Das Wichtigste in einem Gespräch ist, zu hören, was nicht gesagt wurde." Dann werden Sie Kommunikation vom Feinsten erleben!

2.2 Der Kommunikationstempel

Wie kann man Menschen zu mehr Souveränität in allen Lebenslagen verhelfen? Fünf Bereiche sind es, die ausschlaggebend für eine souveräne Kommunikation sind. Es sind auch die fünf Säulen des Kommunikationstempels.

Positive Einstellung

Viele Menschen können nicht kommunizieren, weil sie glauben, nicht kommunizieren zu können. Diese negative Einstellung zu sich selbst prägt auch das kommunikative Verhalten zu ihrem Umfeld. Ab dem Moment, wo sie anfangen, ihre Einstellung zu ändern, stellen sie fest, dass sie durchaus die Möglichkeit haben, mit ihren Mitmenschen effektiv zu kommunizieren. Sie nehmen eine negative Erwartungshaltung ein und wundern sich, dass ihre Gesprächspartner sie nicht verstehen oder sogar aggressiv sind. Es gibt ein altes Gesetz, das auch für die Kommunikation gilt: Die eigene Einstellung ist ausschlaggebend für das Verhalten der anderen. Wenn jemand eine natürliche positive Ausstrahlung hat, wird er viel weniger mit Angriffen konfrontiert werden, weil seine positive Art auch die anderen beeinflusst. Negativ eingestellte Menschen sollten eine „Lächel-Intensivkur" verschrieben bekommen. Eine Woche Lächel-Training verändert deren Verhalten und stumpft die Klingen der Angreifer ab. Die meisten Menschen sind nämlich feige und legen sich ungern mit einem Strahlemann an. Außerdem sind positiv eingestellte Menschen in ihrem Kommunikationsverhalten viel kreativer und entwickeln sprachlich viel originellere Formulierungen. Lächel-Training ist das Sprungbrett zu einer entspannten Kommunikation. Viele meiner Teilnehmer lernen erst eine positive Geisteshaltung einzunehmen, üben das gewinnende Lächeln, und entdecken, dass sich dadurch neue ungeahnte Potenziale erschließen. Bei jeder Art der Kommunikation gilt: „Lächeln ist die eleganteste Art, dem Gegner die Zähne zu zeigen." (Kurt Tepperwein)

Blickkontakt

Es ist wohl ein trauriges Zeichen unserer Zeit, dass viele Menschen es verlernt haben, sich in die Augen zu schauen. Wenn ich zu meinen Gesprächspartnern keinen Blick-kontakt halte, habe ich nicht die geringste Chance, Sicherheit auszustrahlen. Es ist notwendig, Augenkontakt zu seinen Gesprächspartnern zu halten, um sie wortwört-lich „im Griff" zu haben. Es ist eines der einfachsten Mittel und doch einer der am meisten verkannten Trümpfe in der Kommunikation. Achten Sie auf alltägliche Ge-sprächssituationen, und Sie werden feststellen, dass nur die wenigsten Menschen in der Lage sind, Blickkontakt zu anderen zu halten. Der Blickkontakt hat eine eminente Funktion in der Kommunikation: Er unterstreicht Ihre Botschaft und verstärkt Ihre physische Präsenz: „Was ich Ihnen mitteile, ist sehr wichtig."

Wichtig ist dabei, weit geöffnete Augen zu haben. Sie vermitteln Ihrem Gegenüber das Gefühl: „Ich habe Interesse an Ihnen und Ihren Ausführungen." Richten Sie den Blick nach oben. Dadurch signalisieren Sie Ihren Gesprächspartnern eine optimisti-sche Grundeinstellung. Schauen Sie die anderen freundlich, jedoch bestimmt an. So vermitteln Sie den Eindruck eines Menschen, der weiß, was er will. Wenn Teilnehmer Schwierigkeiten haben, Blickkontakt zu halten, reicht oft ein einfaches, jedoch konse-quentes Training in Alltagssituationen. Es ist hilfreich, länger und dezidiert Blickkon-takt zu den Menschen auf der Straße, in der Bahn, in Kaufhäusern etc. zu halten. Wichtig ist es, den ersten Schritt zu machen und sich in manchmal heikle Situationen zu bringen, um daraus Mut zu schöpfen. Die ersten Erfolge stellen sich schon rasch ein.

Stimmpräsenz statt Lautstärke

Wie andere habe ich lange Zeit geglaubt, dass Kommunikation etwas mit Lautstärke zu tun hat. In manchen Rhetorikseminaren wird sogar den Teilnehmern das Brüllen zum Zweck der Persönlichkeitsentfaltung beigebracht. Ich habe in den letzten Jahren viele kommunikative Menschen kennen gelernt, deren Stimmlage so unterschiedlich war. Eine leise Stimme ist entgegen vielen landläufigen Ratschlägen nicht unbedingt ein Hindernis für eine gute Kommunikation. Wichtig ist die Präsenz, die Sie in einem Raum ausstrahlen. Ihre Gesprächspartner sollen Ihre Aura spüren, sobald Sie den Raum betreten haben und etwas sagen.

Wichtig ist auch das Tempo, in dem Sie etwas sagen, und die Stimmlage. Fangen Sie zu Übungszwecken an, langsam zu reden, und Sie werden feststellen, dass sich plötzlich Ihre Stimmlage verändert.

Trainieren Sie es mit Texten, die Ihnen gefallen, und dann mit Texten, deren Inhalt Ihnen unbekannt ist, und Sie werden langsam merken, dass sich etwas in Ihrer Wahrnehmung und in der Wahrnehmung des anderen ändert. Probieren Sie es öfter erst in Übungssituationen, dann in so vielen Gesprächen wie möglich, und Sie werden merken, dass Sie die Menschen durch Ihre Stimme in Ihren Bann ziehen. Es ist auch ein uraltes Phänomen: Beherrschen Sie Ihre Stimme, um durch die Kraft ihrer Wirkung die Gesprächssituation zu beherrschen. Diese Stimmübung ist ein wichtiger Meilenstein auf Ihrem Weg zur souveränen Persönlichkeit. Üben Sie regelmäßig, Sie können im Hintergrund auch ein Stück mit leichter Musik oder Entspannungsmelodien laufen lassen und sich auf Band aufnehmen. Diese Übung ist sehr wirksam. Langsam werden Sie bestimmte hypnotische Sprachmuster beherrschen, die Sie automatisch ins Gespräch mit einfließen lassen werden. Sie werden merken, dass Ihre Gesprächspartner Ihnen eine erhöhte Aufmerksamkeit schenken.

Als Mensch, der in mehreren Sprachen zu Hause ist und für den interkulturelles Leben zum Alltag geworden ist, habe ich ein besonders feines Gespür für Stimmen und Zwischentöne in der Kommunikation entwickelt. Viele Top-Kommunikatoren sind im besten Sinne des Wortes „Meister der leisen Töne". Daher plädiere ich für mehr Stimmpräsenz statt Lautstärke.

Charisma

Wenn Sie konsequent üben, wird Ihr Umfeld Sie anders wahrnehmen und diese Aura, die Sie jetzt ausstrahlen, spüren. Diese charismatische Ausstrahlung ist ein Geheimnis vieler talentierter und redegewandter Menschen. Sie haben bereits durch ihr bloßes Da-Sein so viel ausgedrückt, dass die verbale Kommunikation nur noch ein Bruchteil ist, sozusagen eine Draufgabe. Was ist Charisma? Charisma ist dieses undefinierbare Etwas, das Ihren Worten mehr Gewicht verleiht. Es ist auch eine physische Wärme, die Sie ausstrahlen und auf andere übertragen. Erst dann haben Ihre Worte ihre maximale Wirkung.

Emotionale Dickhäutigkeit

Die Emotionen, die Sie spüren, können in einer kommunikativen Situation nicht wegradiert werden. Sie sind da. Ihre Erfahrung wird Ihnen zeigen, dass die meisten kommunikativen Menschen sich in „schwierigen" Situationen einen Panzer zulegen, der ihnen in Stress- oder Angriffssituationen hilft, nicht die Kontrolle über sich selbst zu verlieren und überzureagieren, sprich auszurasten. Sie scheinen sich eine emotionale Dickhäutigkeit antrainiert zu haben. Das ist durchaus erlernbar. Eine der einfachsten Methoden ist die Änderung des mentalen Fokus: Konzentrieren Sie sich in Stress- oder Angriffssituationen auf die Frage, die Sie Ihrem Gegenüber stellen werden, und nicht auf das, was er eben gesagt hat. Wenn Sie auf der Autobahn merken, dass Sie allmählich gegen die Leitplanke fahren, müssen Sie Ihren Fokus ändern und nach VORNE schauen. In der Kommunikation ist es ähnlich.

Wie wird man kommunikativ?

Erst wenn diese fünf Grundpfeiler des Kommunikationstempels gebaut worden sind, macht eine Weiterentwicklung der dialektischen Spitzfindigkeiten Sinn. Sonst bleibt der Tempel ohne Fundament. Erst wenn jemand Souveränität ausstrahlt, macht es Sinn, sich mit dem Erlernen der Techniken auseinander zu setzen. Manchmal sind es nicht mal Techniken, sondern es reicht eine erhöhte Aufmerksamkeit bezogen auf das eigene Kommunikationsverhalten. Gerne zitiere ich in diesem Zusammenhang Moshé Feldenkrais:

> **„Erst wenn ich weiß, was ich mache, kann ich tun, was ich will."**

2.3 Vom ICH zum WIR – Positive Kommunikation

Kommunikation ist immer ein Dialog, auch wenn dies vielen Menschen bei der Verwendung des Wortes nicht so ganz bewusst ist. Kommunikation ist also nicht nur die Weitergabe einer bestimmten Information an ein Gegenüber, sondern Kommunikation entsteht erst in einem Miteinander. Oder wie der deutsche Philosoph Karl Jaspers sagte: „Dass wir miteinander reden können, macht uns zu Menschen." Eine positive Kommunikation ist also nur möglich, wenn wir es schaffen, vom ICH zum WIR zu kommen.

> Gedacht heißt nicht immer gesagt,
> gesagt heißt nicht immer richtig gehört,
> gehört heißt nicht immer richtig verstanden,
> verstanden heißt nicht immer einverstanden,
> einverstanden heißt nicht immer angewendet,
> angewendet heißt nicht immer beibehalten.
>
> *Konrad Lorenz, österreichischer Verhaltensforscher*

Kennen Sie das Gesetz des abnehmenden Grenznutzens? Dieses Gesetz besagt, dass ab einem gewissen Punkt immer mehr Aufwand immer weniger Erfolg bringt. Dieses Gesetz gilt auch in der Kommunikation, beim Miteinander-Sprechen, beim Miteinander-in-Kontakt-Treten – und das über die Verwendung von Sprache und Worten genauso wie von Gesten und Mimik, der Körpersprache also, hinaus. Wann aber kommunizieren wir positiv? Wann gehen wir aus der Ich-Perspektive zum Wir-Gedanken über? Einfach nur dadurch, dass wir weniger häufig ICH und dafür mehr WIR sagen? Sicherlich nicht! Um eine positive Kommunikation anzustreben, müssen wir zunächst einmal wissen und akzeptieren: Jede Kommunikation erfolgt auf zwei Ebenen – der Inhalts- und der Beziehungsebene, auf der Informationen, verbale wie nonverbale, zum Teil bewusst und zum Teil unbewusst aufgenommen und bewertet werden.

Auf der Inhaltsebene erfolgt der Austausch von sachlichen Informationen. Auf der Beziehungsebene hingegen läuft der Kontakt eher emotional ab. Sicher kennen Sie die Situation, wenn ein Gespräch, obwohl Sie die benötigten Informationen (Inhaltsebene) erhalten haben, bei Ihnen ein negatives Gefühl (Beziehungsebene) hinterlässt. Ebenso kann ein Plausch mit einem netten Kollegen Sie in eine gute Stimmung (Beziehungsebene) versetzen, obwohl dieser Ihnen nicht die erforderlichen Informationen (Inhaltsebene) liefern konnte.

Negative Formulierungen

Eine Mutter sagt zu ihrem vierjährigen Sohn: „Daniel, pass nur auf, dass du das Glas *nicht* fallen lässt!" Und im Büro hört die Assistentin von Ihrem Vorgesetzten „Und machen Sie ja *nicht* wieder den gleichen Fehler!" – solche negativen Formulierungen verwenden wir mindestens genauso oft, wie wir sie selber zu hören bekommen. Dabei wissen wir doch inzwischen alle, dass es *nicht* geht, wenn jemand verlangt: „Jetzt denken Sie bitte einmal *nicht* an einen rosaroten Elefanten ..."

Wir wundern uns *nicht*, wenn wir genau in diesem Moment einen rosaroten Elefanten vor unserem geistigen Auge sehen. Und genauso fühlt sich die Mutter bestätigt, wenn das Glas zu Boden fällt. Vielleicht kommt dann auch noch der „krönende" Abschluss: „Habe ich es *nicht* schon (voraus-)gesagt!" Auch das kann Kommunikation sein, wenn auch keine positive!

Positive Kommunikation

Positive Kommunikation beginnt bereits beim einzelnen Wort und ganz besonders bei den oben genannten Aussagen. So ist es eindeutig besser, wenn die Mutter sagt: „Halte das Glas bitte mit beiden Händen fest" und ist stolz, wenn ihr Filius dieses dann auch tatsächlich heil auf dem Tisch abstellt. Und statt: „Und machen Sie ja nicht wieder den gleichen Fehler!" wären Hinweise, wie die Assistentin es anders und richtig machen kann, wesentlich hilfreicher und förderlich für eine allgemein positivere Kommunikation.

Bei der Kommunikation von Mensch zu Mensch gibt die Wahrnehmung Ihres Gegenübers meist den Ausschlag für den Gesprächsverlauf. Wer es schafft, einmal die Perspektive des anderen einzunehmen, hat gute Aussichten auf ein positives Ergebnis.

Wenn ein Kunde Sie anruft und fragt, wann er ein bestimmtes Produkt haben kann, können Sie antworten: „Herr Warte-Gerne, Moment mal, ich muss *erst mal* schauen, wie *lange wir* für die Lieferung brauchen."

Durch diese sprachliche Formulierung provozieren Sie fast automatisch den Ärger Ihres Kunden. Er assoziiert nämlich Ihr Unternehmen mit schlechtem Service. Eine Änderung der Wortwahl und der Perspektive wirkt bereits Wunder: „Herr Geduldig, da reicht ein *kurzer* Blick in den Produktionsvorlauf und *Sie* erfahren *gleich*, wie *schnell* Sie Ihr Produkt erhalten."

Üben Sie, Zusammenhänge positiv zu formulieren. Viele unserer Zeitgenossen haben es verlernt, den Ereignissen die positiven Aspekte abzugewinnen. Wenn Sie sich positiv ausdrücken, werden Sie Ihrem Umfeld weniger Reibungsflächen bieten. Es kommt oft auf die Formulierung an, und letztendlich ist es der andere, der entscheidet, wie es bei ihm ankommt.

Wörter verändern nicht die Realität, jedoch die Wahrnehmung entscheidend. Wer im Gespräch positive Formulierungen verwendet und Reizwörter vermeidet, kann damit oft das Aufflammen destruktiver Emotionen und damit eine Verschlechterung des Gesprächsklimas verhindern.

Auf welche Formulierungen reagieren die meisten Menschen besonders empfindlich? Zum Beispiel auf:

→ „Sie müssen doch zugeben, dass ..."
→ „Sie müssen entschuldigen, aber ..."
→ „Unbestritten" und „Unzweifelhaft"
→ „Wie können Sie behaupten, dass ...?"
→ „Sie sind vollkommen auf dem Holzweg, wenn Sie glauben ..."
→ „Jeder halbwegs intelligente Mensch weiß doch ..."
→ „Sie dürfen (nicht) ..."
→ „Sie können doch nicht erwarten, dass ..."

Der Ton macht die Musik

Dieses Sprichwort bringt es auf den Punkt: Es kommt auf die Formulierung an, und letztendlich ist es der andere, der entscheidet, wie es bei ihm ankommt. Eine praktische Übung dazu: Üben Sie, negative Aussagen positiv zu formulieren. Wie würden Sie beispielsweise ausdrücken, dass Sie als Führungskraft die ganze Woche unterwegs sind und nur am Freitag für Ihre Assistentin Zeit haben? Eine mögliche Formulierung: „Ich bin am Freitag den ganzen Tag für Sie da, wir können all die offenen Fragen in aller Ruhe besprechen." Und wie sieht es mit dem halb leeren Glas aus: Es ist halb voll! Ein weiteres Beispiel aus einem Reklamationsgespräch. „Ich möchte mich bei Ihnen beschweren." Klingt es nicht besser, dieses Anliegen als Frage zu formulieren? Eine solche Frage könnte etwa lauten: „Darf ich Ihnen einen Verbesserungsvorschlag machen?" Viele Menschen haben es verlernt, Fragen zu stellen, und reden nur von sich. Dabei sind Fragen an den Gesprächspartner und ein offenes Ohr für dessen Meinungen, Probleme und Sorgen die beste Voraussetzung für eine wirklich positive Kommunikation.

Vor allem wenn Sie Führungskraft sind oder zum Führungskräftenachwuchs in Ihrem Unternehmen gehören, ist es für Sie besonders wichtig, ja überlebenswichtig, sich darin zu üben, positiv zu kommunizieren. So werden Sie sich viel „weicher" durchsetzen und Ihre Ziele erfolgreicher und schneller erreichen.

Kommunikation und Führung

Kommunikation und Führung werden in diesem Buch noch eine entscheidende Rolle spielen. An dieser Stelle deshalb nur ein paar Vorbemerkungen.

Menschenführung und Kommunikation sind eng miteinander verbunden. Nimmt der Führende durch seine Worte und den sprachlichen Ausdruck doch entscheidenden Einfluss auf die Verhaltensweisen der- bzw. desjenigen, die er führt. Nach Rupert Lay ist Kommunikation „eine Abfolge von Interaktionen, die Informationen, Emotionen, Bedürfnisse, Interessen, Wertungen und Vorurteile hervorbringen, transportieren und verändern. Die kommunikativen Handlungen schwimmen gleichsam auf dem Strom dieser Emotionen, Bedürfnisse, Interessen, Wertungen und bilden die Tiefenstruktur jeder Kommunikation." Führung ist also in jedem Fall ein kommunikativer Vorgang. Denn Kommunikation bedeutet den Austausch von Informationen, also die Verständigung zwischen Menschen, zum Großteil durch das Kommunikationsmittel Sprache.

Die Fähigkeit zu kommunizieren ist eine entscheidende Qualifikation einer Führungskraft und auch der Wille, von dieser Fähigkeit Gebrauch zu machen. Jede Führungskraft sollte deshalb zunächst einmal bewusst mit sich selbst umgehen, um aus dieser inneren Stärke heraus auch andere Menschen in ihrer Individualität schätzen zu können. Es ist ein ständiges Wechselspiel zwischen den eigenen Vorstellungen, die man umsetzen will, und der unterschiedlichen Einstellung des Gegenübers, das es zu respektieren gilt: Punkte, an denen eine Führungskraft wachsen kann.

In gewisser Form übernimmt eine Führungskraft immer dann, wenn sie mit ihren Mitarbeitern kommuniziert, die Rolle eines Motivators, eines positiven Beeinflussers. Dadurch ermöglicht sie dem Team oder dem einzelnen Mitarbeiter, bessere Leistungen schneller und einfacher zu erreichen. Doch nicht nur Führungskräfte beeinflussen, wir alle beeinflussen unsere Mitmenschen, wenn wir mit ihnen sprechen.

Kommunikation und Manipulation

Manipulation – was laut Duden noch neutral ist: „Hand-, Kunstgriff, Verfahren; meist Plur.: Machenschaft", ist in unserem Sprachgebrauch negativ besetzt. Manipulation wird in unserem modernen Dasein oft mit einer negativen Beeinflussung übersetzt. Dabei existiert Manipulation auch im positiven Sinne, geschieht diese zum Nutzen des Gegenübers. Betrachten wir Manipulation doch einfach wertneutral, denn im Grunde genommen beeinflussen wir uns alle gegenseitig, jeden Tag, bei jedem Telefonat und bei jedem persönlichen Gespräch. Auch Kommunikation kann manipulatorisch sein, wenn sie so verläuft und definiert wird, wie Prof. Dr. Clemens Heidack sie in seinem Buch *„Neue Methoden zur Leistungsmotivation der Außendienst-Mitarbeiter"* beschreibt:

„Manipulation ist die gezielte Beeinflussung anderer Menschen zum eigenen Vorteil, und zwar so, dass diese Beeinflussung nicht erkannt wird. Früher oder später durchschaut man dennoch die Manipulation, und Abwehrhaltungen werden hervorgerufen." Wird Kommunikation mit Motivation gleichgesetzt, darf eine solche negativ besetzte Manipulation nicht zugelassen werden, denn „Motivation muss den echten Vorteil beider Seiten wahren. Das angestrebte Ziel muss ebenso wie ein eingesetztes Mittel offen dargelegt werden."

Prof. Dr. Heidack benennt als Techniken der Manipulation:

→ selektive Darbietung eines Sachverhaltes (bis zur bewussten Fehlinformation);
→ einseitige Betonung bestimmter Aspekte (wichtige Aspekte werden zurückgehalten);
→ unbewiesene und unbeweisbare Behauptungen (z.B. Flüsterpropaganda);
→ Emotionalisierung (Gefühle werden angesprochen);
→ Einengung von Kontakten mit anderen (nach innen und nach außen)

und zeigt in einer interessanten Grafik drei Schritte zur Manipulation auf:

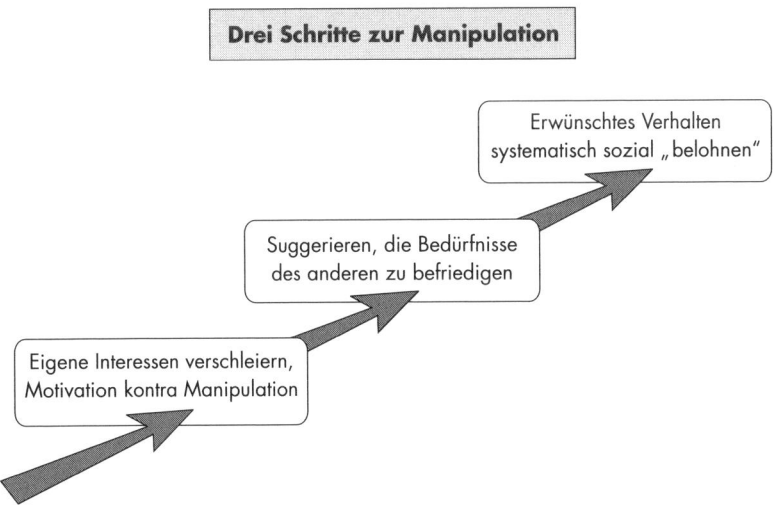

Drei Schritte zur Manipulation

Erwünschtes Verhalten systematisch sozial „belohnen"

Suggerieren, die Bedürfnisse des anderen zu befriedigen

Eigene Interessen verschleiern, Motivation kontra Manipulation

Sprache ist durchaus ein Mittel der Manipulation. Indem Sie die eigenen Interessen verschleiern und gleichzeitig Ihrem Gesprächspartner suggerieren, dass Sie dessen Bedürfnisse befriedigen, können Sie Ihre Ziele eher erreichen; zugegeben auf nicht gerade faire Art und Weise. Ebenso manipulativ ist es, wenn Sie z.B. im Mitarbeiterkreis ein erwünschtes Verhalten systematisch sozial belohnen. Der einzelne Mitarbeiter hat, will er seinen Job behalten, oft gar keine andere Möglichkeit, als entsprechend zu handeln.

Motivation kontra Manipulation

Manipulation durch Sprache? Kann jemand, der kommuniziert auch manipulieren? Selbstverständlich, wenn er bei der Kommunikation nur den eigenen Nutzen sieht und dabei billigend in Kauf nimmt, dass der andere einen Schaden davonträgt. Wir unterscheiden für die Kommunikation jetzt und für alle späteren Gesprächssituationen zwischen

➜ **Motivation** (oder Beeinflussung oder Edukation – auch hier sieht der Einzelne natürlich seinen Nutzen, achtet jedoch nicht nur darauf, dass der andere keinen Schaden davonträgt, sondern auch, dass dieser sogar positiv und gestärkt aus dem Ganzen herauskommt) und

➜ **Manipulation** (Hier sieht der Einzelne, wie oben bereits beschrieben, nur den eigenen Nutzen. Entweder, es ist ihm egal, dass der andere geschädigt wird; er nimmt den Schaden einfach in Kauf oder er sieht ausschließlich den eigenen Nutzen, auch wenn dieser nur durch den Schaden des Gegenübers erreicht werden kann.)

Ob Motivation oder Manipulation – die Kommunikationsmittel gleichen sich. Nicht die eingesetzten Techniken sind es, die aus einer Beeinflussung eine negative Beeinflussung machen, es entscheidet immer der Mensch. Dieser übernimmt die Verantwortung – für sein Tun ebenso wie für seine Worte. Dies gilt besonders für Führungskräfte.

Kommunikation als Führungsinstrument

Führung bedeutet, den einzelnen Mitarbeiter wie auch ganze Teams so zu leiten und lenken, dass diese gemeinsam die Ziele des Unternehmens realisieren. Kommunikation greift hier an zwei Punkten ein, zum einen bereits bei der Absprache der Ziele, zum anderen bei der Motivation, diese zu erreichen. Kommunikation ist ein Führungsinstrument. Wer nicht kommuniziert, kann auch nicht führen. Und wie Sie wissen: Wir kommunizieren immer – auch ohne Worte.

Bei der Kommunikation müssen Führungskräfte nicht nur sprechen, sondern vor allem auch zuhören können. Zuhören, was der andere sagt und wie er es sagt. Fahren Sie alle Antennen aus, um auch körpersprachliche Signale zu erkennen. Manchmal ziehen sich Mitarbeiter innerlich aus der Kommunikation zurück. Sie wirken dann zwar anwesend, nicken eifrig, und mit einem „Hm ..." vermitteln sie den Eindruck: „Ich bin ganz bei der Sache!" Nach außen mag dies zwar so aussehen, innerlich sind sie aber schon lange bei einem ganz anderen Thema. An kleinen Signalen können Sie dies erkennen, zum Beispiel an einem abwesenden Blick, einem „Hm ..." an der falschen Stelle. Gefahr erkannt, Gefahr gebannt – jetzt können Sie eingreifen und den abwesenden Gesprächspartner durch eine direkte Frage wieder ins Gespräch einbeziehen.

Neben positiven Formulierungen sind Achtsamkeit, Zuhören und Fragen die wesentlichen Kommunikationsmittel, die Führungskräfte einsetzen sollen, um Mitarbeiter dauerhaft zu verstehen und zu motivieren. Oft nehmen sich viele Führungskräfte gar nicht die Zeit, sich mit den Äußerungen, Ideen oder Anregungen von Mitarbeitern ernsthaft zu beschäftigen und greifen eher zu bewährten Kommunikations- und Motivationskillern, den Killerphrasen.

Kommunikations- und Motivationskiller: die Killerphrasen

Hier eine kleine Auswahl von Killerphrasen, die Sie in Ihrer Führung durch Kommunikation besser vermeiden:

1. Das haben wir schon immer/noch nie so gemacht!
Freuen Sie sich doch über Mitarbeiter, die innovativ und kreativ sind. Oft erhält man Strukturen und Organisationen nur aus alter Gewohnheit aufrecht. Erfolgreich wird ein Unternehmen allerdings, wenn Sie immer wieder daran arbeiten, Dinge anders und besser zu machen.

2. Damit haben Sie doch gar nichts zu tun!
Über den Tellerrand blicken ist bei Ihnen nicht erlaubt. Obwohl doch oftmals gerade die Mitarbeiter, die nicht unmittelbar mit einem Vorgang zu tun haben, am einfachsten erkennen, was da falsch läuft. Greifen Sie deren Ideen auf. Schließlich geht es darum, dass man gemeinsam erfolgreicher arbeitet.

3. Um das zu beurteilen, haben Sie nicht genug Erfahrung!
Wer sagt denn, dass ein „alter Hase" nicht längst „betriebsblind" geworden ist. Er macht Dinge einfach so, wie er es seit vielen Jahren gewohnt ist. Ein neuer/junger Mitarbeiter geht oft einfach unvoreingenommener mit vielen Vorgängen um.

4. Das werden wir später noch einmal besprechen!
Wenn Sie das wirklich tun, ist es o.k. Doch oftmals ist diese Aussage nur eine Verschleppungstaktik, um sich gerade jetzt nicht mit einer bestimmten Sache auseinander setzen zu müssen.

5. Dafür haben wir jetzt keine Zeit!
Viele Dinge, für die Sie augenblicklich glauben, keine Zeit zu haben, bedürfen später eines höheren Zeiteinsatzes. Dann nämlich, wenn Sie sich mit einem Problem wirklich auseinander setzen müssen. Nur dumm, dass es Ihnen dann bestimmt noch weniger passt. Nutzen Sie die Gunst der Stunde und motivieren Sie Mitarbeiter, wenn die-

se nicht nur körperlich anwesend sind, sondern sich auch geistig in die Unternehmensleistung einbringen.

Durch solche oder ähnliche Killerphrasen ersticken viele Führungskräfte die Kommunikation im Keim und demotivieren ihre Mitarbeiter dauerhaft.

Es geht auch anders! Wenn Sie wissen wollen, wie Sie noch besser kommunizieren, ohne verbrannte Erde zu hinterlassen, blättern Sie einfach weiter!

Lesetipp:

Wenn Sie noch zusätzliche Tipps zum Thema (positive) Kommunikation erfahren wollen, empfehlen wir Ihnen wärmstens folgendes Standardwerk eines Profis:

Ruhleder, Rolf H.: Rhetorik & Dialektik. Verlag für Deutsche Wirtschaft AG, Bonn 2002
   (In diesem Praxisbuch zu Rhetorik und Dialektik gibt es auch ein komplettes Kapitel über Körpersprache „Kinesik".)

2.4 Zusammenfassung

10 Tipps, wie Sie noch besser kommunizieren, ohne verbrannte Erde zu hinterlassen:

1. Bereiten Sie sich im Vorfeld gut vor. Gehen Sie Ihr Gespräch vorher gedanklich durch. Schauen Sie sich die einzelnen Etappen des „Films" an. Bedenken Sie alle Eventualitäten.

2. Kommen Sie zum Punkt, wenn Sie etwas erreichen wollen. Sagen Sie, worum es geht, statt um den heißen Brei herumzureden.

3. Vermeiden Sie Konjunktive. Sie schwächen dadurch Ihre Aussagen. Also: „Ich will" statt „Ich würde".

4. Lassen Sie sich durch Killerphrasen weder beeindrucken noch verunsichern, wie z.B. „Sind Sie bald mit Ihren Ausführungen fertig?" Oder „Eigentlich habe ich ja bis jetzt ziemlich viel von Ihrem Unternehmen gehalten!"

5. Bleiben Sie immer freundlich im Ton, jedoch deutlich und klar in der Sache. So erreichen Sie Ihre Ziele, ohne die Beziehungsebene zu belasten. Je freundlicher Sie sind, desto mehr erreichen Sie.

6. Seien Sie souverän, ohne jedoch Selbstsicherheit mit übertriebenem Selbstbewusstsein zu verwechseln. Ein allzu ausgeprägt selbstsicheres Ego weckt nämlich bei Ihrem Gegenüber Aggressionsgefühle. Jemand, der etwas weniger selbstsicher ist, kann dagegen Sympathiepunkte sammeln.

7. Vermeiden Sie allzu abstrakte Redewendungen. Sprechen Sie eine klare und bildhafte Sprache. So kann sich das Gehirn Ihres Gegenübers die Botschaft besser merken.

8. Vermeiden Sie Formulierungen, die Misstrauen bei Ihrem Gegenüber wecken oder ihn zu einer Rechtfertigung zwingen, z.B. Warum-Fragen. Besser eignen sich objektivere Formulierungen wie: „Worauf führen Sie es zurück?"

9. Senden Sie Ich-Botschaften statt Du-/Sie-Botschaften. Ich-Botschaften wirken in der Gesprächsführung weicher, weniger verletzend, so sind Ihre Chancen, den anderen zu einer Verhaltensänderung zu bewegen, viel höher, als wenn Sie anklagende Du-Botschaften benutzen wie z.B.: „Ich würde mich freuen, wenn ... " statt: „Sie müssen ..."

10. Verkaufen Sie sich als Person, statt Ihr Anliegen zu verkaufen. Es ist in vielen Fällen eine viel wirksamere Strategie.

Die drei wichtigsten Punkte für mich:

1.

_____

_____

_____

2.

_____

_____

_____

3.

_____

_____

_____

Mein Umsetzungsplan:

Folgende Ideen werde ich umsetzen:

Noch heute:

_____

_____

_____

Morgen:

_____

_____

_____

In der nächsten Woche:

_____

_____

_____

2.5 Inspiration: Von der Kommunikation zur Rhetorik

Besticht die Kommunikation durch ein Gespräch von Mensch zu Mensch, kommt es in der Rhetorik darauf an, vor Gruppen zu sprechen. Andere Dinge sind dort ausschlaggebend. Und doch bildet eine gute zwischenmenschliche Kommunikation mit dem Wissen um die Macht der Sprache und die Bedeutung aller kommunikativen Faktoren eine ideale Basis, um auch im rhetorischen Bereich erfolgreich zu sein.

3. Rhetorik

> „Das menschliche Gehirn ist eine großartige Sache. Es funktioniert vom Augenblick der Geburt bis zu dem Zeitpunkt, wo du aufstehst, um eine Rede zu halten."

Mit dieser Aussage von Mark Twain möchte ich mit Ihnen zusammen in das Thema Rhetorik einsteigen. Was verursacht nur diese Schmetterlinge im Bauch, diese Angst, diese schweißnassen Hände, dieses Gefühl, am liebsten die Flucht zu ergreifen, das Weite zu suchen, am anderen Ende der Welt sein zu wollen ... Es ist die Angst, zu versagen, sich zu blamieren, den Faden zu verlieren, plötzlich auf der Bühne zu stehen und nicht mehr zu wissen, was man denn eigentlich sagen wollte ...

Redeangst ist ein natürliches Phänomen, auch die erfahrensten Redner leiden darunter. Überspitzt formuliert: Wer keine Form von Angst kennt, macht sich zu wenig Gedanken über seine Wirkung. Ein Pilot, der keine Restangst mehr hat, versäumt es, vor dem Start die Checks durchzuführen, die über Leben und Tod entscheiden können. Ähnlich ist es beim Redner, auch er kann abstürzen. Wichtig ist, dass man ausgeruht zur Rede antritt, also im Fall einer 400-Kilometer-Anreise nicht mit dem Auto hinfährt. Wer zudem die lokalen Gegebenheiten erkundet und die Erwartungen des Zuhörerkreises in Erfahrung gebracht hat, wird ruhiger reden. Besonders hilfreich ist es, wenn man von Beginn an ein Gefühl der Vertrautheit empfindet. Zahlreiche Redner, auch Spitzenreferenten, nehmen zu wichtigen Auftritten eine Vertrauensperson mit und bitten sie, sich in eine der vordersten Reihen zu setzen. Vielleicht beruhigen Sie zwei wesentliche Punkte: Lampenfieber kennt so gut wie jeder Mensch, ob nun davor, auf einer Bühne zu stehen oder einfach nur die Rede zu Omas 80. Geburtstag zu halten. Und Lampenfieber kann man annehmen, in erträgliche Bahnen lenken und sogar in gleichem Maße als Wachsamkeits- und Aufmerksamkeitsfaktor nutzen.

Bevor wir in die Praxis der Rhetorik einsteigen, eine kleine Abhandlung zum Thema Rhetorik:

Rhetorik kommt aus dem Griechischen und heißt Redekunst. Verschiedene Formen der Rede, die damals gepflegt wurden, sind u.a. die politische Rede, die Rede vor Gericht, in der Kirche oder bei einem (Familien-)Fest. Bereits in der Antike betrachtete man bei einer Rede fünf wesentliche Bereiche: die Stoffsammlung (*inventio*) sowie die Gliederung (*dispositio*), die sich beide durch das Thema definieren, weiterhin die sprachliche Formulierung (*elocutio*), die Art, wie sich der Redner die Rede einprägt (*memoria*), und schließlich den Vortrag an sich (*pronuntiatio*), der mehr durch die Person beeinflusst ist. Eine Rede soll bestenfalls belehren (*docere*), unterhalten (*delectare*) und Gefühle erregen (*movere*). Dann, so die Meinung der Wissenschaft, werde auch das Ziel der Rede erreicht.

Die Rhetorik zieht sich durch alle Bereiche der Geschichte. In der Antike entwickelten die Sophisten eine lehrbare Rhetorik. Die größten Redner des Altertums waren Demosthenes und Cicero. Im Mittelalter zählte die Rhetorik zu den Sieben Künsten und lebte besonders in den Predigten. Zu Beginn der Neuzeit bildete sich eine Einheit von Dichtung und Rhetorik heraus. Während des Nationalsozialismus verkam die Rhetorik zur Propaganda. Erst seit der 2. Hälfte des 20. Jahrhunderts wird Rhetorik wieder aktiv gelehrt und auf diese Weise in Fächern wie Linguistik, Kommunikationswissenschaften, Semiotik oder Psychologie eine lange Tradition fortgesetzt.

Von der Theorie zur Praxis. Dazu hat der deutsche Journalist und Publizist Friedhelm Franken eine schöne Geschichte eines Redners auf Lager:

„Wir sind jetzt an einem Punkt angelangt, an dem ich Ihnen etwas mitteilen möchte, was mir selbst einmal beigebracht worden ist. Eine Lektion, an die ich mich manchmal erst in letzter Sekunde erinnere. Man hat mir beigebracht, dass für jeden Redner die vier wichtigsten Worte in unserer Sprache lauten: »Was ist Ihre Meinung?« Die drei wichtigsten Wörter lauten: »Würden Sie bitte …?« Die zwei wichtigsten Wörter lauten: »Danke sehr!« Und das wichtigste Wort heißt: »Sie« Dann hat man mir beigebracht, was das unwichtigste Wort ist: »Ich« Ich habe das Wörtchen »Ich« heute vielleicht unnötig oft strapaziert. Aber jetzt will ich den Monolog beenden und überleiten zur Aussprache. Würden Sie bitte sagen: »Was ist Ihre Meinung? Danke sehr! Sie sind dran!«"

Rhetorik ist erlernbar

Kein Zeitalter, das nicht ausgezeichnete Rhetoriker sein Eigen nennen konnte. Die besondere Bedeutung, die der Rhetorik, der Redekunst zukommt, zeigt sich besonders vor dem historischen Hintergrund. Bekannte Redner werden immer wieder zitiert und bedeutende Reden können als Beispiele in vielen Rhetorik-Schriften und -Büchern immer wieder nachgelesen werden.

Viele Menschen blicken ehrfurchtsvoll zu den großen Rednern auf, bewundern deren Charisma, deren Schlagfertigkeit, deren gekonnten Umgang mit der Sprache. Und übersehen dabei, dass auch sie selbst reden lernen können. Als Redner wird man nicht geboren. Es gibt kein Gen, das den einen Menschen befähigt, auf der Bühne Außerordentliches zu vollbringen. Ganz im Gegenteil – bei der Redekunst ist es wie bei jeder anderen Kunst auch. Ein klein wenig Inspiration und dann ganz viel Transpiration – also Fleiß, Übung und immer wieder Training, in dem man sein Können („Kunst kommt von Können und nicht von Wollen, sonst müsste es ja Wunst heißen") verfeinert und ausbaut.

In fünf Schritten zum Redner

Schon die alten Römer hatten erkannt: „Poeta nascitur, orator fit", was übersetzt so viel heißt wie: Ein Dichter wird geboren, ein Redner wird gemacht. Der Weg zu einer freien und überzeugenden Rede steht also jedem Menschen frei. Der eigene Wille, das persönliche Streben und die ernsthafte Absicht, auch wirklich an sich zu arbeiten, sind dabei vorausgesetzt. Sicher helfen Ihnen nachfolgende fünf Schritte auf Ihrem Weg zum Redner enorm:

1. Ablesen, frei wiedergeben und eigene Ideen

Beginnen Sie am besten damit, dass Sie einen kurzen, sachlichen Text einfach einmal flüssig vorlesen. Dann geben Sie den Inhalt mit eigenen Worten wieder und schließlich erweitern Sie den Inhalt durch eigene Überlegungen und Wertungen. Dies alles geschieht vor einem imaginären Publikum. Hilfreich ist allerdings, wenn Sie sich selbst einmal aufnehmen (Ton und/oder Bild), damit Sie einmal sehen, wie Sie nach außen wirken. Vorsicht ist jedoch geboten: Gehen Sie nicht zu streng mit sich ins Gericht. Wenn Sie sich zum ersten Mal sehen oder hören, wird das vielleicht eine sehr ungewohnte Situation für Sie sein.

2. Die erste eigene Rede

Nehmen Sie ein aktuelles Ereignis und sprechen Sie drei Minuten über dieses Thema. Damit gewöhnen Sie sich schon einmal an gewisse Zeiteinheiten – manchem werden diese drei Minuten wie eine Ewigkeit vorkommen, ein anderer wird gar nicht alles sagen können, was er will. Das Mittelmaß ist die Kunst der Rhetorik – zumindest, was die Länge Ihrer Ausführungen anbelangt. Zu lange Reden ermüden Ihre späteren Zuhörer nur, und wenn Sie durch die Rede hetzen und nicht alle wichtigen Aspekte ansprechen, ist es auch keine gelungene Ansprache.

3. Sprechen Sie Ihre Meinung aus

Gewöhnen Sie sich daran, laut und deutlich Ihre Meinung zu äußern. Treten Sie aus der Masse, ergreifen Sie sich zuerst ein Herz und dann das Wort. In Besprechungen, Meetings oder auch nur im Freundeskreis – sprechen Sie Ihre Meinung aus und nutzen Sie jede Gelegenheit, um Ihre rhetorischen Fähigkeiten zu trainieren. Wer, wenn nicht Ihre Freunde oder Mitarbeiter, hören Ihnen aufmerksam zu? Später kann es sein, dass Sie auch einmal auf ein weniger wohlwollendes Publikum treffen. Dann sind Sie bestens geschult und können auch damit souverän umgehen.

4. Selbststudium

Lesen Sie alles über Rhetorik, besuchen Sie Seminare oder nutzen Sie die Vielfalt der Hörbücher. Und wenn Sie das nächste Mal im Stau stehen, hören Sie statt Nachrichten etwas zum Thema „Rhetorik – wie Sie Menschen durch Ihre Redekunst begeistern können". Ihr Unterbewusstsein wird alles aufnehmen und Sie in diesem Bereich einen gewaltigen Schritt nach vorne bringen.

5. Die Zuhörer warten schon auf Sie

Diskutieren Sie gerne und oft – und wenn es auch nur darum geht, wo Sie Ihren nächsten Urlaub verbringen. Oder auch, wer im Unternehmen welche Projekte betreut, welche Aufgabenteilung sinnvoll ist. Diskussionen sind nun einmal die wichtigsten Schulungsmöglichkeiten für den Redner. Denn auch auf der Bühne kann der Redner nicht immer stur nach Konzept vorgehen. Eine gewisse Spontaneität, die aus dem Wissen heraus möglich ist, dass man eine gute Grundlage der rhetorischen Mittel besitzt, machen eine Rede erst lebendig und lassen den Funken zwischen Redner und Zuhörern überspringen. Treffen Sie möglichst bald den Entschluss, eine kleine freie Rede zu einem bestimmten Anlass zu halten. Ob Hochzeit oder Betriebsversammlung – nur durch das wirkliche Tun können Sie ein so genanntes Feintuning betreiben und Ihre Fähigkeiten als Redner trainieren.

Reden gibt es viele

Anlässe zum Reden gibt es viele. Dabei unterscheidet man jedoch nur drei verschiedene Redeformen:

→ *Gelegenheitsrede* (80. Geburtstag der Oma, Hochzeit, Trauerfeier, Firmenjubiläum)
→ *Sachvortrag* (Informations- und Wissensvermittlung – hier ist das Thema entscheidend, der Redner will Wissen vermitteln, über etwas informieren.)
→ *Überzeugungsrede* (Predigt, politische Rede, im Gericht – hier ist nicht das Thema, sondern der Zweck entscheidend. Der Redner überlegt sich also vorher, was er beim Zuhörer bewirken will. Der Redner will, dass der Zuhörer ihm nach der Rede zustimmt oder ins Handeln kommt.)

„Jede Rede wird erst im Augenblick des Redens geboren. Eine abgelesene Rede ist keine Rede, sondern eine Unverfrorenheit gegenüber dem Zuhörer", erklärt Dominikaner-Pater Dr. Udo Nix in seiner Broschüre *„Rhetorik und Diskussionstechnik"* (S. 13): „Bei jeder Rede ist der Zuhörer Mitschaffender. Eine Rede entsteht erst in Beziehung zum Zuhörer. Der Redner (Kommunikator) und das Publikum (Rezipient) sind also gleichzeitig und gleichwertig bei jeder Rede beteiligt."

Theorie und Praxis bilden so ein gutes Fundament, um das Haus der Rhetorik wachsen und es für Sie zu einem Zuhause werden zu lassen. Nutzen Sie die Fähigkeiten und genießen Sie Ihre Erfolge.

Sprüche, Zitate und das alles auch noch in Latein

Ein wichtiges Arbeitsmittel des Redners sind Sprüche, schlagfertige Standard-Formulierungen und Zitate. Wichtig ist natürlich, dass diese Sprüche und Zitate auch zur Zielgruppe passen. Sprechen Sie vor jungen Leuten, kommen Sie mit so genannten Sponti-Sprüchen gut rüber, bei etwas älteren Semestern erhalten Sie dagegen nur verwunderte Blicke. Mit einfachen lateinischen Sprüchen können Sie manchmal Eindruck schinden und bei Germanistik-Professoren liegen Sie mit klassischen Zitaten genau richtig. Gewusst wie und das Richtige an der richtigen Stelle – und die Rede ist gerettet. Natürlich müssen Sie diese nicht alle auswendig kennen. Dazu gibt es viel zu viele gute Zitatesammlungen, in denen Sie sich vor jeder Rede die passenden heraussuchen können. Im Anschluss möchte ich Ihnen noch ein paar zur Anregung mit auf den Weg geben. Mit diesen Sprüchen und Zitaten – zum Teil auch noch in Latein, können Sie Ihre nächste Rede würzen:

1. Sprüche:
➜ Bei uns kann jeder werden, was er will – ob er will oder nicht.
➜ Jeder macht, was er will, keiner macht, was er soll, aber alle machen mit.
➜ Wo wir sind, klappt nichts, aber wir können ja nicht überall sein.
➜ Gestern waren wir noch am Rande des Abgrunds, heute sind wir schon einen Schritt weiter.
➜ Wir arbeiten Hand und Hand – was die eine nicht schafft, lässt die andere liegen.

2. Zitate:
➜ Tritt fest auf, mach's Maul auf, hör' bald auf. (Martin Luther)
➜ Freunde, nur Mut! Lächelt und sprecht: „Die Menschen sind gut, bloß die Leute sind schlecht!" (Erich Kästner)

3. Und das alles auch noch auf Lateinisch:
➜ Carpe diem = Nutze den Tag
➜ Ora et labora! = Bete und Arbeite!
➜ Qualis rex, talis grex = Wie der Herr, so der Knecht (sinngemäß)
➜ In dubio pro reo = Im Zweifelsfall für den Angeklagten

Legen Sie sich doch einfach Ihre eigene Sammlung von Zitaten und Sprüchen an, die Sie nach und nach durch neue Anregungen erweitern. Damit haben Sie ein Standardwerk, mit dem Sie vertraut sind (denn gerade lateinische Zitate sollten Ihnen schon flüssig über die Lippen kommen) und das Sie von Fall zu Fall gut einsetzen können.

3.1 Die Persönlichkeit des charismatischen Redners

In allen Dingen, die die Welt bewegen, sind Persönlichkeiten gefragt. Menschen mit Charisma. Menschen, die andere Menschen zu etwas bewegen, von etwas begeistern, zu etwas führen können. Oder wie Dr. Cay von Fournier in seinem Buch *„Charisma"* (S. 208 ff.) beschreibt:

Charismatische Menschen ...
... sind wir alle!
... haben Ausstrahlung!
... überzeugen und schaffen dadurch Vertrauen!
... leben bewusst in der Gegenwart!
... können sich in andere Menschen hineinversetzen!
... vermitteln positive Gefühle!
... haben Visionen!
... begeistern andere Menschen von ihren Visionen und Zielen!
... übernehmen Verantwortung!
... sind kompetent!
... sind neugierig und lernen gerne!
... leben die grundsätzlichen Werte des Lebens!
... wissen um die Macht der Gedanken!
... haben erfolgreiche Denkstrategien!
... glauben an ihre Fähigkeiten und Ziele!
... durchbrechen ihre Grenzen!
... wissen: Alles passiert aus einem nützlichen Grund!
... sind dankbar!
... kennen nur Herausforderungen, keine Probleme!
... wahren die Ehre anderer Menschen!
... respektieren andere Ansichten!
... strahlen bewusst Gefühle aus!
... leben die Strategie „von innen nach außen"!
... übernehmen Verantwortung für ihre Reaktionen!
... haben gerne positive Gefühle!
... sind ehrlich!
... sind authentisch und leben in ihrer Mitte!
... hören auf ihre innere Stimme!
... handeln, sprechen und denken voll Respekt vor anderen!
... sehen in anderen Menschen das Gute!
... denken positiv und liebevoll!
... haben eine Lebensphilosophie!
... halten durch!
... sind voll Begeisterung!
... strahlen ihre Begeisterung auch aus!
... handeln!
... konzentrieren sich auf das Wesentliche!
... geben sich und anderen Raum zu lernen!
... sind flexibel!
... sind Menschen, die Menschen bewegen!
... sind entschlossen!
... realisieren ihre Ideen erfolgreich!

... haben den Mut zu führen!
... haben Selbstbewusstsein und Selbstwertgefühl!
... mögen die Veränderung!
... streben nach innerer Freiheit!
... sind sich ihrer körperlichen Wirkung bewusst!
... sprechen mit ihrem Körper!
... nutzen den Klang ihrer Stimme!
... wissen um die Macht der Wörter!
... können rhythmisch sprechen!
... unterstreichen ihre Worte!
... drücken ihre Gefühle aus!
... nutzen alle Fähigkeiten, um Gefühle zu vermitteln!
... haben Lampenfieber, können jedoch damit umgehen!
... nutzen ihre Fehler!
... erzählen Geschichten!
... leben in der Gegenwart!

Viele Menschen verstehen unter Charisma nur Überzeugungskraft. Und viele bringen Charisma mit Rhetorik in Verbindung. Eine gute Rede, das ist das, womit jemand auf sich aufmerksam macht. Und in vielen Situationen, im beruflichen wie auch privaten Umfeld wird jemand gesucht, der bereit ist, aus der Masse nach vorne zu treten, um dort etwas zu sagen. Stellen Sie sich vor, zukünftig sind Sie derjenige, der aufsteht, nach vorne geht und eine Rede hält, die andere nur so staunen lässt. Sie werden bewundert für Ihren Mut und Ihre glaubhafte Ansprache. Aber das kann ich doch alles gar nicht lernen! Glauben Sie wirklich? Glauben Sie mir, es ist noch kein Redner vom Himmel gefallen. Viele erfolgreiche Referenten mussten trainieren und viele Reden halten, um so gut zu werden, wie sie heute sind. Zwei Dinge sollten Ihnen allerdings bewusst sein. Erstens: Ein guter Redner wird man nicht von heute auf morgen. Und zweitens: Um ein guter Redner zu werden, muss man jede Gelegenheit nutzen, um zu trainieren und jede Rede sehr intensiv vorbereiten. Auch, wenn dies am Anfang sehr viel Zeit in Anspruch nimmt.

Charisma – ruhende Ressource

Was aber macht den charismatischen Redner aus? Welche besonderen Eigenschaften hat jemand, der sich auf der Bühne gekonnt bewegt und mit dem, was er sagt, die Zuhörer in seinen Bann zieht? Kann er nur besonders gut sprechen? Wirkt seine äußere Erscheinung? Oder ist es vielleicht das spannende Thema? Wohl eine Mischung aus all diesen Faktoren und noch vielen anderen mehr.

Haben Sie sich vielleicht schon die Frage gestellt, aus welchen Gründen bestimmte Menschen erfolgreicher sind als andere? Ihr Erfolg hängt wesentlich von ihrer Ausstrahlung ab, also von Charisma. Charisma ist die Fähigkeit eines Menschen, andere Menschen für sich einzunehmen und zu begeistern. Jeder Mensch kann lernen, charismatisch zu wirken. Mit folgendem kleinen Test, der Sie keine zwei Minuten kostet, erfahren Sie, ob Sie Charisma haben oder ob Sie an Ihrer Persönlichkeit noch arbeiten sollten!

Situation 1: Sie stehen im Supermarkt an der Kasse und jemand drängelt sich vor – was passiert?
a) Das würde mir nie passieren – bei meiner Ausstrahlung!
b) Ich sage nichts, weil ich einfach über solchen Lappalien stehe!
c) Ich spreche den Drängler höflich und bestimmt darauf an und zeige ihm, wo die Schlange endet!

Situation 2: Ein Kollege, der wesentlich weniger Ergebnisse präsentiert als Sie, wird vor Ihnen befördert. Was tun Sie?
a) Ich zeige meinem Chef mal so richtig, wie blind er eigentlich ist, dass er nicht erkennt, wie gut ich bin!
b) Ich weiß, dass der nächste Chefsessel noch weicher ist als der gerade vergebene!
c) Ich lasse mir bei der nächsten Mitarbeiterbesprechung einen Einzeltermin geben und stelle sicher, dass ich die Situation richtig einschätze!

Situation 3: In einer Gruppe von mehreren Menschen möchten Sie gerne etwas sagen:
a) Ich sage immer, was ich loswerden will.
b) Was gesagt werden muss, wird gesagt, egal, ob es anderen passt!
c) Ich spreche im richtigen Moment und alle hören mir interessiert zu.

Überwiegend a):
Sie sollten die Chance nutzen und ein Persönlichkeits- oder Charismaseminar besuchen. Sie werden merken, dass danach einiges anders läuft in Privat- und Berufsleben.

Überwiegend Antwort b):
Sie tendieren zu einer charismatisch wirkenden Person, arbeiten Sie an den Feinheiten! In speziellen Workshops werden den Teilnehmern Strategien gezeigt, um die schlummernden Ressourcen jedes Einzelnen zutage zu fördern und zu aktivieren. Gute Seminare zeigen Ihnen auf, wie Sie mit Ihrer Ausstrahlung die Realität schnell verändern und Ihren persönlichen Erfolg steigern können. Sie lernen, wie sich durch eine Änderung Ihrer Einstellung für Sie ungeahnte Chancen ergeben.

Eindeutig c):
Wir können alle voneinander lernen! Alles beginnt mit dem ersten Schritt und den richtigen Strategien. Auch für Sie als personifiziertes Charisma gibt es noch den einen oder anderen Geheimtipp.

Die vier Erfolgsfaktoren erfolgreicher Redner

Beobachten wir doch einmal erfolgreiche Redner aller Zeiten. Vier Faktoren zeichnen diese durch alle Epochen hindurch aus:

1. Sie sind selbstbewusst

Erfolgreiche Redner wissen um ihr Potenzial. Sie sind davon überzeugt, ihren Zuhörern etwas zu bieten. Sie kennen ihre Stärken und Schwächen. Sie bereiten sich auf jede Rede intensiv vor und strahlen auf diesem Fundament aufbauend Ruhe und Gelassenheit aus.

2. Sie sind authentisch

Erfolgreiche Redner sind immer sie selbst. Egal in welcher Situation wir sie auch antreffen, sie spielen nie eine Rolle, sondern verkörpern auch auf der „Bühne" das, was sie darstellen, das, was ihre Persönlichkeit ausmacht.

3. Sie können mit der Sprache umgehen

Erfolgreiche Redner beherrschen die deutsche Sprache. Sie kennen die entscheidenden Schlüsselwörter einer positiven Rede und begeistern durch eine lebendige Vortragsweise mit vielen bildhaften Beispielen.

4. Sie verstehen es, zu begeistern

Erfolgreiche Redner ziehen ihre Zuhörer in ihren Bann. Sie sind begeistert von dem, was sie darbieten, und diese Begeisterung überträgt sich auch auf die Zuhörer. Nicht nur durch die Kraft des Wortes, sondern auch durch eine lebendige Körpersprache, durch Gestik und Mimik. Die Zuhörer sind gefesselt von den Geschichten, die auf der Bühne dargeboten werden, und können es gar nicht fassen, wenn die Redezeit vorbei ist.

Charisma als „Gnadengabe"

Haben Sie Charisma? Wenn ja, dann gehören Sie zu den Menschen, die eine außergewöhnliche Fähigkeit haben, andere Menschen mit ihrem beeindruckenden Wesen auf unerklärliche Weise für sich einzunehmen. Wenn Sie es nicht glauben, dann wird es Zeit, über Ihre Ausstrahlung und Wirkung auf andere nachzudenken. Denn von der persönlichen Ausstrahlung hängt ganz wesentlich der berufliche und private Erfolg ab.

Die Soziologie spricht von Charisma (griechisch = Gnadengabe) als Form der Herrschaft, die sich durch göttliche Berufung oder unerklärliche außergewöhnliche Begabung des Herrschenden legitimiert. Der bedeutende deutsche Soziologe Max Weber hat den Begriff Charisma in der Soziologie eingeführt und etabliert. Webers Theorie beschreibt Charisma zum einen als eine spezifisch revolutionäre Macht und zum anderen als stabilisierendes Element alltäglicher Ordnungen.

Andere Menschen fühlen sich von charismatischen Persönlichkeiten wie magnetisch angezogen, vertrauen ihnen und lassen sich von ihnen führen. Rational nachvollziehbare Fähigkeiten und Leistungen der Führungspersönlichkeit spielen dabei eine untergeordnete Rolle. Dieser Bann dauert so lange an, bis der Verstand des Anhängers gegenteilige Informationen aufnimmt und sich verweigert. Das erleben wir tagtäglich privat und im Beruf z.B. bei Politikern, deren Machtposition eher an Außenwirkung denn an ein besonderes Programm gebunden ist.

Charisma ist erlernbar

Charisma ist nach Auffassung von Psychologen eine Folge von instinktiven Impulsen aus unserem Stammhirn. In der Sozialpsychologie herrscht die Meinung vor, dass ein Mensch jedoch nicht mit Charisma geboren wird. Das heißt, jeder Mensch kann lernen, charismatisch zu wirken. Dafür gilt es, die ruhenden Ressourcen in sich zu erkennen und zu aktivieren. Souveränität ist das Fundament einer gelungenen verbalen und nonverbalen, inter- und intrapersonalen Kommunikation. Erst wenn man diese Souveränität erreicht hat, macht das Erlernen und Trainieren von Kommunikationswerkzeugen und dialektischen Methoden Sinn.

Menschen mit Charisma

Fest steht: Menschen mit Charisma werden in der beruflichen Laufbahn bis heute häufig bevorzugt. Sie sind auch im privaten Bereich erfolgreicher. Viele Politiker, Manager, Musiker, Sportler, Schauspieler zum Beispiel können ihre Fähigkeiten im Direktkontakt mit anderen Menschen mit maximalem Effekt einsetzen. Sie gelten als gereifte Persönlichkeiten, die es verstanden haben, ihre (ruhenden) Ressourcen zu fördern und ihre Fähigkeiten in den wichtigsten Kompetenzbereichen der emotionalen Intelligenz zu vervollkommnen.

Sie verkörpern Selbstbewusstsein, Ruhe und Gelassenheit, sprich Selbststeuerung, Lebendigkeit und Motivation, Einfühlungsvermögen und soziale Kompetenz. Das macht sie so sympathisch, anziehend, überzeugend und erfolgreich. Charismatische Menschen wissen in kritischen Situationen mit Blickkontakt und Stimmpräsenz zu arbeiten, kennen ihre Stärken und Schwächen sowie ihre Wirkung auf andere. Sie haben ihren eigenen Stil entwickelt und schöpfen ihre Energie aus einer positiven Einstellung zu sich selbst und zu anderen und besitzen darüber hinaus eine tiefe innere emotionale Gelassenheit.

10 + 1 Tipp, wie Sie noch charismatischer auftreten können

1. Entwickeln und leben Sie Ihren eigenen Stil! Wer eine positive Einstellung zu sich selbst hat, wirkt auf andere sympathischer als die billige Kopie einer anderen Person.

2. Seien Sie nach Möglichkeit authentisch! Sicher kann man nicht in allen Lebenslagen sein Inneres nach außen kehren – doch eine Person, die echt ist, ist überzeugender als ein Schauspieler.

3. Strahlen Sie Ruhe und Gelassenheit aus! Nutzen Sie in besonderen Stress-Situationen beispielsweise Atem- oder Entspannungstechniken, um Ihre Nervosität in Grenzen zu halten.

4. Sensibilisieren Sie sich für Ihren internen Dialog. Der Dialog mit sich selbst entscheidet wesentlich über Ihre charismatische Wirkung, ob Sie es wollen oder nicht!

5. Achten Sie auf Ihre Emotionen und analysieren Sie bei unklaren Situationen den Grund, z.B. für ein Störgefühl.

6. Suchen Sie den Kontakt zu anderen Menschen und verbessern Sie Ihre soziale Kompetenz! Charismatische Persönlichkeiten haben keine Scheu vor der Nähe zu anderen und befinden sich im regen Austausch mit ihrer Umwelt und anderen Personen.

7. Arbeiten Sie an Ihrer Körpersprache! Wenn Ihre nonverbale Kommunikation mit den Inhalten des Gesagten übereinstimmt, können Sie andere noch besser mitreißen. Bevor Sie eine Rede halten, können Sie Ihren Auftritt beispielsweise mit einer Videokamera aufnehmen – und auf dieser Basis verbessern.

8. Halten Sie im Gespräch Blickkontakt! So signalisieren Sie Selbstbewusstsein und Aufgeschlossenheit.

9. Geben Sie anderen Menschen das Gefühl, dass sie sich in Ihrer Nähe wohl fühlen können! Charismatische Menschen schaffen es, ihren Mitmenschen ein Gefühl von Wärme und Wohlbefinden spüren zu lassen.

10. Sorgen Sie dafür, dass Ihr Outfit Ihre Stärken unterstreicht und zu Ihrer Botschaft passt! Das äußere Erscheinungsbild gehört mit zur nonverbalen Kommunikation. So ist ein indischer Guru mit Bart und Flattergewändern sicherlich noch überzeugender als mit Kurzhaarfrisur und Nadelstreifen.

11. Trainieren Sie Ihre Stimme, um Ihre Präsenz zu verstärken! Die Stimme ist ein wichtiges Instrument, um andere zu führen und Begeisterung hervorzurufen. Auch an einer hohen, kalten oder schneidenden Stimme können Sie arbeiten – deshalb holen Sie das Beste aus sich heraus!

Bei manchem Redner hat man den Eindruck, vieles sei antrainiert und inszeniert. Weil dieser sich stark an die Gruppe anpasst, zu der er spricht, wird er als Persönlichkeit nur schwer greifbar. Menschen, die sich beim Reden wie ein Chamäleon verhalten, laufen Gefahr, nicht mehr glaubwürdig zu sein.

Charisma und Lampenfieber?

Glauben Sie ja nicht, dass charismatische Redner nicht auch – zumindest manchmal – Lampenfieber haben. Manchmal mehr, manchmal weniger. Sie gehen nur anders damit um. Sie lassen sich nicht verrückt machen, aus Angst, sie könnten z.B. auf der Bühne plötzlich den Faden verlieren. Sie wissen, dass sie sich bestens vorbereitet haben und können durch ihre Erfahrungen und ihr Selbstbewusstsein auch solche, für andere Menschen katastrophale Situationen überspielen. Sollte Sie in den Anfangstagen als Redner oder auch noch später einmal das Lampenfieber überkommen, hier ein paar Tipps gegen *Lampenfieber in Redesituationen*:

1. Bereiten Sie sich optimal vor. Eine gründliche Vorbereitung hilft, Redeängste abzubauen.

2. Lernen Sie den Anfang und das Ende Ihrer Rede auswendig. So können Sie brillant starten und einen guten Eindruck hinterlassen, auch wenn Sie abrupt enden müssen.

3. Wenn Sie die Möglichkeit haben, fahren Sie ein paar Tage vorher zu dem Ort hin, wo Sie reden oder präsentieren sollen. In vielen Tagungshotels können Sie diese Möglichkeit nutzen, falls die Räume nicht belegt sind. Seien Sie nett und freundlich zum Empfangspersonal! Ein Lächeln wirkt oft Wunder!

4. Vermeiden Sie unnötigen Zeitdruck! Planen Sie genügend Zeit für die Fahrt ein. Wenn Autofahren Sie stresst, benutzen Sie unbedingt öffentliche Verkehrsmittel!

5. Bewegen Sie sich! Machen Sie eventuell einen kleinen Spaziergang oder gehen Sie die Treppe hoch, statt den Aufzug zu benutzen. So bauen Sie dieses Maß an Adrenalin ab, das Sie hindert, während Ihrer Rede aufzublühen.

6. Nehmen Sie eine Vertrauensperson mit und setzen Sie sie in die ersten Reihen. Das ist ein Trick, der auch von Profi-Rednern und Politikern benutzt wird. Wenigstens eine(r) im Saal ist Ihnen freundlich gesinnt.

7. Gehen Sie vor der Rede noch einmal zur Toilette.

8. Überprüfen Sie ein letztes Mal Ihr Outfit im Spiegel.

9. Nutzen Sie Ihre Erregung positiv! Malen Sie sich Ihre erfolgreiche Rede in den schönsten Farben aus! Projizieren Sie sich in die Zukunft hinein und erleben Sie, wie die Zuhörer Ihnen voller Freude applaudieren.

10. Sorgen Sie dafür, dass eine Flasche Wasser Ihnen während der Rede zur Verfügung steht. Wasser trinken ist bei vielen eine 100 %ige Hilfe gegen das Wegbrechen der Stimme.

11. Gehen Sie langsam in den Raum hinein und selbstbewusst bis zum Pult.

12. Begrüßen Sie bekannte Personen!

13. Suchen Sie sich einen festen und sicheren Stand!

14. Sprechen Sie erst, wenn Sie einen festen Stand und Blickkontakt zu den Zuhörern genommen haben.

15. Atmen Sie ein letztes Mal tief durch!

16. Fangen Sie an, langsam und kraftvoll zu sprechen.

17. Lassen Sie den Funken der Begeisterung auf Ihr Publikum überspringen! Beginnen Sie mit einem Lacher. Wer es schafft, sein Publikum zum Lachen zu bringen, hat halb gewonnen.

18. Wandeln Sie die aufgestaute Stress-Energie in eine kraftvolle Gestik um!

19. Sie können sich auf dem Podium oder der Bühne bewegen. Vielleicht können Sie auch durch die Reihen gehen und das Publikum einbeziehen. Nutzen Sie Flipchart, Projektor oder Beamer. Sie visualisieren dann einen Zusammenhang, und in dem Moment ahnen die Zuschauer nicht im Geringsten, dass Sie von Lampenfieber geplagt sind.

20. Wenn Sie merken, dass Sie nicht mehr genügend Zeit haben, kürzen Sie unbedingt ab. Merken Sie sich eines: Sie sind der/die Einzige, der/die weiß, was er/sie sagen wird.

Wie Reinhold Messner sagte: „Der Sieg über die Angst, das ist auch ein Glücksgefühl, in dem ich mir nahe bin", so wird auch Sie ein Glücksgefühl durchströmen, wenn Sie erst einmal die Angst überwunden haben, nach vorne zu treten, auf die Bühne zu gehen, um Ihre Rednerlaufbahn zu beginnen. Sie werden feststellen, dass Sie von Mal zu Mal sicherer mit dieser Situation umgehen, und jeder kleine Erfolg lässt beim nächsten „Auftritt" auch das Lampenfieber geringer werden. Noch eine hilfreiche Strategie aus der Praxis:

Der Gau

Vor einer Rede oder auch vor schwierigen Gesprächen hilft Ihnen vielleicht die folgende (Traum)-Vorstellung des Gau: Ich stelle mir vor, was passieren würde, wenn ich mitten in der Präsentation/im Gespräch einfach abbreche und dem Publikum/meinem Gesprächspartner erkläre, dass ich mich in dieser Atmosphäre nicht wohl fühle und hiermit keine Lust mehr habe, das Thema zu vertiefen. Dann packe ich meine Sachen und verlasse den Raum.

Die Konsequenz ist, dass wahrscheinlich nicht viel passiert. Weder mein Leben noch meine Existenz wären bedroht. Ich würde vielleicht bei dieser Veranstaltung nie wieder als Referent engagiert oder müsste mir eine neue Stelle suchen. Vielleicht passiert auch gar nichts. Und überhaupt – ein Wechsel ist in der Regel mit einer Gehaltsverbesserung verbunden. Wozu also Angst haben?

Der rote Faden

Bei einer Rede schafft es derjenige, der spricht, seinen Zuhörer auch anzusprechen. Und dieser antwortet ihm, wenn auch nicht mit Worten, so doch mit seiner Reaktion. Der Grad der Aufmerksamkeit lässt sich im Gesicht erkennen. Die besten Redner lesen in den Gesichtern der Zuhörer und gehen auf deren Reaktionen ein. Dadurch können sie auch nie den roten Faden verlieren. Denn sie stellen sich, mit der Sicherheit ihres Manuskriptes (das sie im Notfall wie ein Netz auffängt) individuell auf ihr Publikum ein und schaffen es, dieses zu begeistern und mitzureißen.

Haben auch Sie Angst, während der Rede ins Stottern zu kommen und nicht mehr weiter zu wissen, dann möchte ich Ihnen eine Frage stellen: Kommen Sie bei einem Gespräch ins Stottern? Verlieren Sie manchmal den Faden, wenn Sie mit Kollegen oder Mitarbeitern sprechen? Ja? Und dann? Dann wiederholen Sie gewöhnlich den letzten Gedanken nochmals oder gehen zum nächsten Punkt über. Oder? Klar, dann tun Sie das auch bei der Rede. Ihnen kann doch gar nichts passieren! Und im Notfall greifen Sie einfach auf Ihr Manuskript zurück, in dem Sie sich stichpunktartig die wichtigsten Themen notiert haben. Bleiben Sie einfach Sie selbst. Authentisch und natürlich kommen Sie am besten an. Schauspielerei ist in einem anderen Bereich gefragt, bei der Kampfrhetorik, wie Sie im nachfolgenden Kapitel feststellen werden.

3.2 Kampfrhetorik und wie man damit umgeht

Die Kampfrhetorik hat in den letzten Jahren durch all die Talkshows stark an Bedeutung gewonnen. Wenn es darauf ankommt, in wenigen Sekunden einen brillanten Eindruck zu vermitteln, kommt die Wahrheit manchmal zu kurz. Tröstlich ist dabei, dass niemand langfristig erfolgreich ist, wenn er sich andauernd verbiegt und verleugnet. Wir sollten jedoch alle die Tatsache akzeptieren, dass wir in einer Welt des Scheins leben. Wir müssen uns bei jeder Gelegenheit verkaufen. Das gilt nicht nur für TV-Debatten, sondern auch für berufliche Gespräche und Vorträge.

Methoden der Kampfrhetorik kennen

Dabei soll Kampfrhetorik, zumindest so wie ich es verstehe, nichts mit Krieg zu tun haben, nichts mit dem Sieg, der einen der Gesprächspartner zum Verlierer macht. Und doch muss jeder, der täglich im Gespräch mit anderen Menschen steht, gewisse Methoden der Kampfrhetorik kennen. Nicht, um diese selbst anzuwenden, sondern vor allem deshalb, um diese bei anderen zu erkennen und entsprechend darauf reagieren zu können. Wer kommuniziert, wer spricht, wer eine Rede hält, will meist nicht nur Informationen weitergeben, sondern auch seine Interessen durchsetzen. Die Frage ist nur, welche Mittel und Methoden er dafür einsetzt.

Antonia Cicero und Julia Kuderna definieren in Ihrem Buch *„Die Kunst der Kampfrhetorik – Powertalking in Aktion"* den Begriff der Kampfrhetorik wie folgt:

„Kampfrhetorik bedeutet, Sprache und Kommunikation einzusetzen, um ein gestecktes Ziel zu erreichen – also in Situationen, in denen Sie sich durchsetzen oder schlicht gewinnen wollen, die geeigneten Mittel und Methoden zur Verfügung zu haben. Ob dieses Ziel ein positives oder negatives – im moralisch-ethischen wie in jedem anderen Sinn – ist und welche »Waffen« – Keule oder Florett – zur Erreichung dieses Ziels Verwendung finden und ob, wann und wie diese eingesetzt werden, kann nur jeder und jede Einzelne je nach Situation für sich selbst entscheiden."

Auch wenn wir in diesem Buch davon ausgehen, dass Menschen fair miteinander umgehen und Kommunikation, bei allen kritischen und konfliktgeladenen Situationen, ebenso fair ablaufen kann, können Sie sich im Leben nicht darauf verlassen, dass alle Menschen so denken und handeln: „Die Berufswelt ist – zumindest auf den Ebenen, wo es um Einfluss und viel Geld geht – weder ein Paradies noch ein Schrebergarten, sondern ein Dschungel. Und diesen sollte man auch nur gut ausgerüstet und wohlvorbereitet betreten – und nicht laut singend und durchs Unterholz stapfend, damit Tiger und Klapperschlangen gleich wissen, wo sie ihr Frühstück holen können", wie es Cicero und Kuderna beschreiben.

Den Wind aus den Segeln nehmen

Bei allem Wissen und Kennen der Methoden der Kampfrhetorik und dem bewussten Umgang damit, Kampfrhetorik bedeutet auf keinen Fall, zuerst einmal kräftig zuzuschlagen und danach erst die Konsequenzen zu überdenken. Gewisse Methoden der Kampfrhetorik haben eine hohe Durchschlagkraft und verletzen den Gesprächspartner zunächst aufs Äußerste. Doch auch wenn Ihr Gegner mental kurz zu Boden geht, müssen Sie in den meisten Fällen mit einem eben solchen, wenn nicht noch schlimmeren Gegenschlag rechnen. Wenn Sie unbedingt eine Eskalation wollen und sich gerne im Krieg mit anderen Menschen befinden, ist das jederzeit möglich, denken Sie bitte vorher jedoch über die Konsequenzen nach. Ansonsten erfahren Sie gleich im Anschluss – in Anlehnung an *„Die Kunst der Kampfrhetorik"* von Antonia Cicero und Julia Kuderna – einiges über einfache und wirkungsvolle Werkzeuge der Abwehr. Denn sicher kommen auch Sie in Ihrem Leben mehr als einmal in Berührung mit Kampfrhetorik und wissen dann, wie Sie Ihrem Gegenüber den Wind aus den Segeln nehmen und das Gespräch wieder in sinnvolle Bahnen lenken:

1. Das erste und das letzte Wort

Menschen, die als erste das Wort ergreifen, bestimmen zunächst auch die Richtung, die das Gespräch nimmt. Gesprächsführer drängen die anderen Teilnehmer gerne in den Hintergrund. Lassen Sie nicht zu, dass immer die anderen „das erste Wort" haben, sondern arbeiten Sie daran, immer öfter als Erste(r) „im Gespräch zu sein". „Im Gespräch zu bleiben" ist die wahre Kunst. Sicher kennen Sie den beliebten Spruch von Ehemännern an ihre Frauen: „Immer musst du das letzte Wort haben!" Wenn in einer Ansprache auch nicht viel in den Köpfen der Zuhörer haften bleibt, vor allem der letzte Gedanke hat noch die größte Chance dazu. Deshalb lassen Sie sich nicht immer von anderen das letzte Wort rauben. Trainieren Sie gekonnte kommunikative Abschlüsse.

2. Lange sprechen und wiederholen

Es gibt Menschen, die reden und reden und reden ... und, wenn die anderen glauben, dass sie fertig sind, wiederholen sie, wiederholen und wiederholen (weil ja alles, was sie sagen, so wichtig ist, dass es noch mal und noch mal und noch mal gesagt werden muss ...). Powertalker verstehen es, durch lange Gesprächsbeiträge sich und ihre Ideen intensiver zu präsentieren. Andere kommen dadurch natürlich weniger zu Wort. Greifen Sie ein, wehren Sie sich durch Einwände, lustige Anekdoten oder Beispiele. So greifen Sie den Faden auf und kommen auch zu Wort.

3. Unterbrechungen

Kampfrhetoriker mögen es gar nicht, unterbrochen zu werden. Sie wehren sich vehement bei dem Versuch, ihre Gesprächszeit zu reduzieren bzw. in ihr Konzept einzugreifen. Durch ständige Unterbrechungen können Sie einen Kampfrhetoriker ganz schön aus der Ruhe bringen – vielleicht zeigt er dann ja auch einmal sein richtiges Gesicht, was besonders in einer Gruppe von begeisterten Anhängern von Vorteil für Sie sein kann.

4. Fragen stellen

Gleiches gilt für Fragen. An sich ein sinnvolles Instrument in der Kommunikation, gilt es in der Kampfrhetorik als Mittel, den anderen aus dem Konzept zu bringen. Geschickt gestellte Fragen können Schwächen des Gesprächspartners aufzeigen und umgekehrt.

5. Thema wechseln

Powertalker sind Meister in ihrem Thema und lassen andere ungern eingreifen. Umgekehrt können Sie damit Powertalker schachmatt setzen. Oder Sie lernen daraus für eigene Gespräche, Präsentationen und Reden: Wenn andere Themen anschneiden, die Ihnen nicht so angenehm sind oder in denen Ihr Wissensstand nicht der beste ist, wechseln Sie einfach geschickt das Thema. Dann sind Sie wieder „Herr der Lage".

6. Ignoranz

Nicht alles und jeder Mensch verdient Ihre Aufmerksamkeit. Auch wenn das etwas hart klingt. Lassen Sie sich nicht von jedem ins Wort fallen, lassen Sie sich nicht von jedem provozieren. Eine gewisse Ignoranz Menschen gegenüber, die Ihnen schaden wollen, ist hilfreich in der Kommunikation.

7. Lügen

„Lügen haben kurze Beine" oder eine Nase wie Pinocchio. Um Sie davor zu bewahren, will ich Ihnen keine Lügenmärchen auftischen und Sie auch nicht dazu verführen, selbst welche zu erfinden. Aber die Wahrheit nicht immer zu sagen, heißt noch lange nicht, zu lügen. Manche Menschen stellen sich manchmal einfach dumm. Und in Wirklichkeit gibt es in den meisten Fällen eben nicht nur die einzige alleinige Wahrheit. Verstricken Sie sich jedoch nicht in Lügengeschichten, denn dadurch verlieren Sie Ihre Glaubwürdigkeit. Sicher wissen Sie es noch aus eigener Erfahrung als Kind: Wenn ein kleiner Schwindel den anderen nach sich zieht, ist es oft sehr schwierig, wieder in die Realität zurückzufinden.

8. Lautstärke

Viele Menschen meinen, nur durch Lautstärke überzeugen zu können. Und es stimmt ja auch: Wer lauter spricht, wird eher gehört. Bedenken Sie jedoch, dass Gebrülle oft von mangelnden Argumenten zeugt. Wahre Könner der Rhetorik sind allerdings oft Meister der leisen Töne.

9. Anstarren oder Blickkontakt vermeiden

Gesprächsführer, die ihr Gegenüber verunsichern wollen, starren dem Menschen oft in die Augen. Für andere ist dies vielleicht unangenehm und jedes Mal, wenn diese ihre Augen senken, hat der andere bereits einen kleinen Sieg errungen. Genauso verhält es sich, wenn derjenige, der spricht, einen bestimmten Menschen in der Runde z.B. überhaupt nicht beachtet, jeden Blickkontakt vermeidet. Der andere fühlt sich nicht akzeptiert und es trifft ihn in seiner Selbstachtung. Umgekehrt können Sie durch Anstarren jeden Redner ebenso verunsichern oder durch das Vermeiden jeden Blickkontakts dessen Argumente ins Leere laufen lassen.

10. Persönlich ansprechen

Powertalker nutzen oft die Unsicherheit anderer Gesprächsteilnehmer, indem sie diesen direkt und persönlich ansprechen. Wenn möglich geschieht dies auch noch bei einem Thema, zu dem der andere so gar nicht viel zu sagen hat. Treffer! Am besten, Sie trainieren Ihre Schlagfertigkeit, dann sind Sie gewappnet und Sie können bei jeder persönlichen Ansprache entsprechend reagieren.

Kommunikation ohne Krieg

Verhandlungen und Konflikte stehen an der Tagesordnung. Sinn einer effektiven Kommunikation ist es, Konflikte weitgehendst zu vermeiden – eben dadurch, dass rechtzeitig miteinander gesprochen wird. Genauso müssen Sie jedoch dafür sorgen, dass durch eine sinnvolle Kommunikation derartige Situationen nicht im Kampf, im Krieg enden, sondern dass sich die Parteien nach einem sprachlichen Schlagabtausch auf eine für beide vertretbare Entscheidung einigen. Und diese Vereinbarung dann auch mit Leben erfüllen.

Sind Sie selbst davon betroffen, ist dies natürlich noch einmal viel schwieriger zu erreichen, als wenn Sie nur als Mittler zwischen zwei Parteien agieren. Wenn Sie grundsätzlich wissen, welche Strategien der Kampfrhetorik es gibt und wie diese angewendet werden, können Sie rechtzeitig eingreifen, bevor das Gespräch eskaliert. Andererseits erweitert der Umgang mit Kampfrhetorik natürlich auch den persönlichen Erfahrungsschatz und schult die eigene Handlungskompetenz.

Killerphrasen

Sicher kennen Sie auch die Sorte Mensch, die Ihnen mit einer an den Kopf geworfenen Bemerkung wie: „Tja, wenn das alles ist, was Sie aufbereitet haben ...“, oder: „Da hätte ich ja schon mehr von Ihnen erwartet“ einen Schauer über den Rücken jagen. Ihnen stellen sich die Haare zu Berge, und eigentlich wissen Sie in diesem Moment nie, wie Sie darauf reagieren sollen. So genannte Killerphrasen sind abwertende Aussagen, die den anderen verletzen sollen. Dabei geht es nie um die Sache, sondern immer um den Menschen. Der soll verunsichert und getroffen werden. Wem es gelingt, mit einer Killerphrase genau den wunden Punkt des anderen zu treffen, hat Oberwasser. Bei anderen verursacht der gleiche Spruch nur ein müdes Lächeln. Ein Beispiel von den beiden schon erwähnten Wiener Autorinnen Antonia Cicero und Julia Kuderna aus ihrem Buch *„Clevere Antworten auf dumme Sprüche“* verdeutlicht dies: Die Aussage „Du wirkst so unbefriedigt, du brauchst wohl mal wieder einen Mann!“ wirkt nicht besonders treffend, wenn Sie gerade verliebt sind. Andernfalls jedoch ... Viele Menschen reagieren darauf mit einem betroffenen Schweigen, wissen nicht, wie sie damit umgehen sollen. Gespräche verstummen, Auseinandersetzungen eskalieren, Gesprächsthemen sind von einer Sekunde auf die nächste vom Tisch.

Drei wesentliche gemeinsame Aspekte von Killerphrasen zeigen Cicero und Kuderna auf:
1. Killerphrasen orientieren sich nicht wirklich am gerade aktuellen Gesprächsinhalt – schließlich sind sie dazu da, ein Thema zu wechseln oder zu beenden.
2. Killerphrasen sollen den Gesprächspartner bzw. die Gesprächspartnerin verunsichern und damit zum Schweigen oder in Rage – und damit aus dem Konzept – bringen.
3. Killerphrasen bringen Sie in die Defensive. Sie fühlen sich gezwungen, zu reagieren und nicht mehr zu agieren.

Antworten auf (fast) alle Killerphrasen

Umso wichtiger ist es, auf Killerphrasen schnell eine Antwort – oder eine geschickte Gegenfrage – parat zu haben, um aus der Defensive so schnell wie möglich wieder in die Offensive zu kommen. Natürlich gibt es verschiedene Taktiken, die Sie in der weiterführenden Lektüre nachlesen können. An dieser Stelle möchte ich Ihnen allerdings ein paar Tipps mit auf den Weg geben, wie Sie auf (fast) alle Killerphrasen und in (nahezu) jeder Situation richtig reagieren können. Greift Sie jemand mit einer Killerphrase an, treten Sie geistig einen Schritt zurück, zeigen nach außen ruhige Gelassenheit (auch, wenn Sie innerlich beben) und antworten:

→ *„Wie kommen Sie gerade jetzt auf diese Frage?"* Sie stellen also eine Gegenfrage und bringen damit Ihren „Gegner" aus dem Konzept, denn viel eher hat er ja damit gerechnet, dass Sie sich jetzt rechtfertigen oder emotional reagieren.

→ *„Nach dieser Killerphrase kommen wir zurück zur Sache."* Sie decken also die Machenschaften Ihres Gegenübers auf und kommen zu Ihrem Thema zurück.

→ *„Soso!"* Sie antworten mit einem zweisilbigen Kommentar, z.B.: „Ach was." „Sag bloß." Und mit nichts weiter, auch wenn Ihnen noch das eine oder andere auf der Zunge liegt. Mit dieser Minimalantwort lassen Sie jeden „Killerphrasendrescher" auflaufen.

→ *„Vielen Dank für diesen Hinweis."* Sie gehen über diesen Angriff einfach hinweg und beziehen sich inhaltlich mit keinem Wort darauf.

→ *„Vielen Dank für diese Lebenshilfe."* Mit einem Kompliment strafen Sie Ihren Gegner und er fühlt sich sicher gar nicht wohl in seiner Haut. „Ich mag die Art, wie Sie die Worte aneinander reihen" ist eine etwas ironische Alternative dazu.

→ *„Du meinst also, ich bräuchte einen Mann – na, wenn ausgerechnet du das sagst."* Sie wiederholen den Inhalt der Killerphrase, allerdings mit einem ebenso ironischen Unterton.

→ *„Wenn es dir hilft, gebe ich dir gerne Recht."* Sie geben anscheinend nach und stimmen Ihrem Gegner zu – damit hat er nun ja überhaupt nicht gerechnet. Allerdings können Sie diese Taktik nur anwenden, wenn Sie es unbeschadet überstehen, also nicht, wenn es z.B. um Ihre fachliche Kompetenz geht.

→ *„Lieber die Taube auf dem Dach als den Spatz in der Hand."* Oder ein beliebiges anderes Sprichwort. Der Angreifer wird so verwirrt sein, dass er noch Tage zu grübeln hat, was Ihr Sprichwort mit seinem Angriff zu tun hat.

→ *„Wenn Sie darunter verstehen, dass ..."* Wenn jemand zu Ihnen sagt: „Sie sind aber faul!", kommt es doch nur darauf an, was der Einzelne unter „faul" versteht. Antworten Sie doch einfach mit einer Umdefinition, hier zum Beispiel: „Wenn Sie darunter verstehen, dass ich gut delegieren kann, dann gebe ich Ihnen gerne Recht!"

Genauso gut können Sie Ihren Gegner mit einer stummen Geste ins Leere laufen lassen. Stellen Sie sich nur einmal vor, Sie nicken Ihrem Gegner nach einem verbalen Angriff einfach nur kurz zu, so als ob Sie einen flüchtigen Bekannten grüßen würden. Das Gesicht Ihres Gegners ist Gold wert. Oder Sie gehen auf den Angriff in keinster Weise ein, sondern wechseln einfach das Thema. Je einfacher diese Umleitung ist, umso besser. Auf den Angriff „Was denken Sie eigentlich? Ich hätte Sie für intelligenter gehalten" antworten Sie: „Weil wir gerade davon reden, haben Sie den interessanten Film am Freitagabend über die Buschkaninchen gesehen. Also ich mag ja eigentlich Reisereportagen lieber ..."

Von Angriffen und dem nötigen Abstand

In der täglichen Rhetorik-Praxis gibt es sehr viele Möglichkeiten, in denen Sie mit Angriffen konfrontiert werden. Ob bei Äußerlichkeiten, Ihrer Kompetenz, einer Verhaltensweise oder im Kampf der Geschlechter hören wir oft stereotype Killerphrasen: „Na, das ist ja mal wieder typisch männlich/weiblich!" Lassen Sie sich nicht aus dem Konzept bringen. Reagieren Sie mit dem nötigen Abstand und ohne Emotionen. Dann kommen Sie mit heiler Haut aus dem Gespräch heraus. Sorgen Sie dafür, dass dieses nicht eskaliert und auch die Beziehung nicht darunter leidet. Andererseits können Sie sich natürlich auch nicht alles gefallen lassen. Lernen Sie, weniger aggressiv als vielmehr witzig mit solchen Killerphrasen und den dahinter stehenden Menschen umzugehen.

Am meisten Spaß macht das Sich-sprachlich-aneinander-Messen natürlich in inszenierten Situationen. In so genannten Debattier-Clubs kommen Menschen sogar extra aus diesem Grund zusammen: um sich in verbalen Auseinandersatzungen zu messen, um zu diskutieren, zu debattieren, um auch einmal unfaire Tricks auszutesten, um den anderen zu überzeugen – ganz einfach, um die eigene Meinung durchzusetzen. Und wer will das im Leben nicht? Die eigene Meinung durchsetzen, seine Ziele und Visionen verwirklichen – das macht einfach Spaß. Vorausgesetzt, es bleiben keine Mitmenschen auf der Strecke – was bei Kampfrhetorik immer wieder der Fall ist. Arbeiten Sie lieber sauber mit der Sprache, trainieren Sie zu argumentieren und andere zu begeistern, dann können Sie Ihre Ziele auch alle erreichen – und die Menschen in Ihrem Umfeld werden gerne mit Ihnen zusammenarbeiten und Sie bei der Realisierung Ihrer Vorstellungen unterstützen.

3.3 10 + 1 Tipp überzeugender Rhetorik

Regeln und Gesetze zum Thema Rhetorik aufzustellen, fällt nicht schwer, und es gibt bereits viele, die sich diesem Thema gewidmet haben. Jeder Redner, der erfolgreich ist und seine Zuhörer begeistert, greift auf bewährte Methoden zurück, kennt Tipps und Kniffe, die seine Aufgabe als Redner erleichtern. Und doch zählen beim Erfolg einer Rede und eines Redners mehr als diese Tipps und Kniffe seine Persönlichkeit, das Charisma und die Ausstrahlung. Um Ihnen den Einstieg zu erleichtern, hier ein paar Tipps überzeugender Rhetorik.

1. Eine gute Vorbereitung ist eine unabdingbare Voraussetzung für den Erfolg einer Rede.

2. Die Sprache muss zur Persönlichkeit des Redners ebenso passen wie zur Zielgruppe der Zuhörer.

3. Je deutlicher ein Redner spricht, sowohl was den Inhalt als auch was die Artikulation anbelangt, umso besser kann er seine Inhalte vermitteln.

4. Lieber weniger Inhalt und dafür diesen wirkungsvoll übermitteln.

5. Das Wissen zeichnet einen Redner aus und gibt ihm die notwendige fachliche Sicherheit.

6. Ein guter Redner beschäftigt sich mit der Umgebung, in der er sprechen wird, und mit den vorhandenen Mitteln der modernen Technik.

7. Eine Rede beginnt nicht mit dem ersten Wort (sondern bereits beim Gang zum Rednerpult und in der Zeit, bis alle Zuhörer dem Redner ihre ungeteilte Aufmerksamkeit schenken) und endet nicht mit dem letzten Wort (sondern erst nach dem Applaus und dem Abgang von der Bühne).

8. (Nummerierte) Stichwortzettel sind ein wichtiges Hilfsmittel für den Redner.

9. Das Ziel der Rede muss festgelegt sein, daran orientieren sich Inhalt und klarer Aufbau.

10. Argumente, Begründungen und Beispiele überzeugen.

11. Redner begeistern durch ihre Persönlichkeit!

Lesetipp:

Wenn Sie noch zusätzliche Tipps zu dem Thema erfahren wollen, empfehlen wir Ihnen folgendes informatives Taschenbuch:

Mohler, Alfred: Die 100 Gesetze überzeugender Rhetorik. Ullstein, Berlin 1996

Zu jedem Gesetz gibt es auch einen kurzen Kommentar.

3.4 Übungen

Übung macht den Meister! Gerade in der Rhetorik geht es nicht ohne das Training. Deshalb stelle ich Ihnen im Anschluss ein paar wirkungsvolle Übungen vor, durch die Sie Ihre rhetorischen Fähigkeiten schulen und Ihrer Ausdrucksfähigkeit den nötigen Schliff verleihen.

Übung 1

Formulieren Sie aus dem Stegreif eine kleine Rede (drei Minuten), in denen bestimmte Begriffe vorkommen, die offensichtlich so gar nichts miteinander zu tun haben, z.B.:

→ Fernsehprogramm
→ Heizkörper
→ Berghütte
→ Elefantenschule

Bauen Sie dies im Laufe der Zeit um immer mehr Begriffe und Redezeit aus.

Übung 2

Nehmen Sie sich ein diskussionsfreudiges Thema, wie z.B. „Frauen in Führungspositionen", und schreiben auf eine Liste alle Pro- und Contra-Punkte, die Ihnen einfallen.

Übung 3

Schreiben Sie drei Minuten lang alle Substantive auf, die Ihnen einfallen, mit einem S beginnend und ein A enthaltend. Oder ähnliche Konstellationen, z.B. Verben, die mit T anfangen und ein E enthalten.

Übung 4

Was können Sie mit einem Stein machen? Zählen Sie in drei Minuten die Möglichkeiten auf, die Ihnen einfallen.

Übung 5

Zählen Sie alle Käsesorten auf, die Ihnen in drei Minuten einfallen.

Übung 6

Beschreiben Sie einen bestimmten Gegenstand, z.B. eine Paprikaschote: rot, knackig, ganz, geschnitten ...

Übung 7

Beschreiben Sie einen Raum bei sich zu Hause, in dem Sie sich augenblicklich *nicht* befinden, mit allen Details, die Ihnen einfallen: Couch, rotes Kissen, Tisch, gelbe Tischdecke, Vase mit roter Rose, Zeitschrift, Teetasse ...

Übung 8

Lassen Sie sich von Ihrem Partner/Ihrer Partnerin jeden Morgen beim Frühstück ein Stichwort geben, z.B. „Republik", „Fremdsprachen", „Mode", „Liebe" etc., und halten Sie ihm/ihr Ihre Stegreifrede, eine Minute lang, zwei Minuten lang, drei Minuten lang. Sie werden merken, wie Sie allmählich im freien Sprechen routinierter werden.

Viel Spaß beim Üben!

Die drei wichtigsten Punkte für mich:

1.

2.

3.

Mein Umsetzungsplan:

Folgende Ideen werde ich umsetzen:

Noch heute:

_____

_____

_____

Morgen:

_____

_____

_____

In der nächsten Woche:

_____

_____

_____

3.5 Inspiration: Von der Rhetorik zur Dialektik

Die Rede und das Gespräch stellen wesentliche Faktoren in der modernen Kommunikationsgesellschaft dar. Gespräche werden Sie sicher viele führen, ob nun privater Art oder eher auf der beruflichen Bühne. In die Verlegenheit, eine Rede zu halten, kommen sicher nicht alle Menschen. Im letzten Kapitel haben Sie viel erfahren über das weite Feld der Rhetorik und könnten sich im Falle eines Falles auf alle rhetorischen Aufgaben vorbereiten, die das Leben Ihnen stellt. Willfred Hartig unterscheidet in seinem Buch *„Moderne Rhetorik und Dialogik"* die Rhetorik (Redekunst) oder Monologische Kommunikation von der Dialogik (Gesprächsführung) oder Dialogischen Kommunikation. Wir gehen im nächsten Kapitel noch einen Schritt weiter und zeigen Ihnen die vielfältigen Spielmöglichkeiten der Dialektik auf, der Kunst, andere Menschen zu überzeugen.

4. Dialektik

Dialektik ist laut Duden „die Erforschung der Wahrheit durch Aufweisung und Überwindung von Widersprüchen; Gegensätzlichkeit". Dialektik ist das Spiel mit Worten, der geschickte Umgang mit Sprache, um Ihr Gegenüber zu überzeugen. Wer dialektisch geschult ist, muss den anderen nicht überreden oder gar Befehle erteilen, er wird vielmehr die Kunst der Dialektik nutzen, um die eigenen Überzeugungen auf andere zu projizieren. Im kommunikativen Miteinander werden so plötzlich auch Probleme lösbar.

Ich verwende hier bewusst den Begriff Dialektik, obwohl in der Literatur immer wieder die einseitige Verwendung kritisiert wird, wie auch Willfred Hartig (1993), der den Begriff Dialogik geprägt hat:

„Die Grundtendenz der Dialektik, wie sie sich heute nach Jahrhunderten des Missbrauchs und der ideologischen Perversion abzeichnet, ist es, den Partner als Objekt zu manipulieren, seine Freiheit zu missachten und die – wie auch immer geartete – Wahrheit zu verschleiern. (...) Die Grundtendenz der Dialogik ist es, den Partner als Partner zu achten, seine Freiheit als Menschenwesen zu respektieren und der Wahrheitsfindung, worauf sie auch immer hinausläuft, zu dienen."

Die Kunst, andere Menschen zu überzeugen

Für mich ist Dialektik – unabhängig von der Deutung des Wortes – die Kunst, andere Menschen zu überzeugen, zu begeistern, einen gemeinsamen Konsens zu finden, einfach der gemeinsame Ansporn, mit Hilfe der Sprache und der Kunst, diese zu beherrschen, gemeinsame Bilder zu malen. Bilder, die am Ende des Gesprächs jeder der beiden Gesprächspartner nicht nur sehen kann, sondern deren Inhalte er auch mitträgt.

Tipps, Tricks und Ideen, wie man mit unfairen Methoden der Dialektik den Gesprächspartner möglichst schnell manipulieren kann, gibt es genügend. Ebenso viele, manchmal sogar vorformulierte Aussagen, um mit Mitteln der Dialektik Menschen anzugreifen oder diese abzuwehren, sich also auf einen Kampf einzulassen. Dies soll nicht Inhalt dieses Buches sein. In unserer Welt der Dialektik geht es um Menschen, die fair miteinander umgehen.

Keine Patentrezepte

„Die Dialektik kennt keine Patentrezepte, allenfalls statistisch gültige Regeln. (...) Voraussetzung jeder Dialektik ist Persönlichkeitsbildung. Die Regeln geben allenfalls an, wie man es nicht machen sollte. Die Positivität der Dialektik liegt nicht in der Befolgung von Regeln, sondern in der persönlichen Überzeugungskraft", sagt auch Rupert Lay, einer der besten Dialektik-Experten in seinem Buch *„Dialektik für Manager"*. Und er führt weiter aus: „Als Kunst soll Dialektik immer etwas Spielerisches haben. Der dialektische Prozess soll in dem verantwortlichsten Spiel, das Menschen spielen können, (...), die Wahrheit, die optimalen Strategien herauszufinden helfen."

Bevor wir in die Praxis der Dialektik einsteigen, hier ein kleiner wissenschaftlicher Exkurs zum Thema Dialektik:

Dialektik kommt aus dem Griechischen, bedeutet „Unterredungskunst" und war in der Antike die ursprüngliche Form der Gesprächsführung. Damals wie heute sorgt die Dialektik dafür, widersprüchliche Denkweisen herauszuarbeiten und so durch Rede und Gegenrede die Wahrheit herauszufinden. Im Mittelpunkt stehen dabei immer die spannungsreichen Gegensätze von Mensch und Gemeinschaft, von Vergangenheit und Zukunft, von Dauerhaftigkeit und ständigem Fluss.

Im Mittelalter war die Dialektik als Schulfach eine der so genannten sieben „freien Künste"/Lehrdisziplinen: Grammatik, Rhetorik, Dialektik, Arithmetik, Geometrie, Musik und Astronomie. Seine heutige Prägung erhielt der Begriff der Dialektik durch Hegel. Dialektik war für ihn die Methode der Philosophie und der Fortschritt des Geistes zugleich. Ein Begriff, wie die freie Entfaltung der Persönlichkeit, ist an sich neutral und für den einzelnen Menschen betrachtet erstrebenswert. Im Blickwinkel der Allgemeinheit wird der Begriff allerdings eher negiert, weil die Freiheit des Einzelnen mit den Grenzen der Gemeinschaft kollidieren kann. Dieses Spiel von Rede und Gegenrede, von Argument und Gegenargument mit der Absicht, eine Wahrheit zu finden, ist die klassische und immer noch verwendete Begriffserklärung der Dialektik. Je nachdem, was der Sprecher erreichen will und dementsprechend natürlich auch ausdrückt, unterscheidet man eine idealistische (Hegel) von einer materialistischen Dialektik (Marx). Ausgehend vom Abschluss, spricht man auch von einer spekulativen, negativen oder offenen Dialektik.

4.1 Die Kunst zu überzeugen

Dialektik ist die Kunst zu überzeugen. Im Guten wie im Schlechten. Denn nicht immer kommt die Wahrheit ans Licht. Und auch in der unfairen Dialektik greift die Kunst, wenn man es denn so nennen will, den Gesprächspartner zu überzeugen. Dialektik einmal wertfrei betrachtet bedeutet nur eines: durch Rede und Gegenrede, durch eine offene Kommunikation, die Wahrheit zwischen zwei Standpunkten aufzudecken.

Die besseren Argumente zählen

Am meisten Spaß macht Dialektik, wenn zwei gleich starke Partner miteinander um die Wahrheit ringen. Denn nur dann „siegt" im dialektischen Gespräch nicht der, der die Dialektik besser beherrscht, sondern der mit den besseren Argumenten. Die Kunst zu überzeugen lässt sich lernen. Um zu überzeugen, müssen Sie zunächst einmal ganz Sie selbst sein. Nur eine Persönlichkeit hat in der Dialektik überhaupt eine Chance. Wenn Sie schauspielern und sich verbiegen, ist das auf Dauer nicht nur sehr anstrengend für Sie, Sie werden auch auf Dauer nie den Erfolg erzielen, den Sie sich vorstellen und wünschen.

Sie benötigen, um andere Menschen von etwas zu überzeugen, einige Fähigkeiten im menschlichen Bereich. Hier die fünf wichtigsten:

1. Sicher auftreten
Stehen Sie zu sich selbst! Treten Sie sicher und selbstbewusst auf. Souveräne Bewegungen, eine ruhige Art (keine fahrigen Bewegungen) und ein offener Blick bewirken Wunder. Gehen Sie freundlich und aufgeschlossen auf andere Menschen zu und nutzen Sie die Möglichkeiten, Kontakt aufzunehmen. Denn jedes Gespräch schult Ihre Kommunikationsfähigkeit und damit Dialektik.

2. Logisch herangehen
Bereiten Sie sich gut auf jedes Gespräch vor. Gliedern Sie Ihre Gedanken und danach Ihre Unterlagen. Nutzen Sie logische Beweisfolgen und Begründungen für Ihre Argumente. Je besser Sie im Kopf vorbereitet sind, umso einfacher können Sie die Argumente dann im Gespräch vorbringen und auf die Aussagen Ihres Gegenübers antworten. Am besten ist es, wenn Sie bereits im Vorfeld auch schon einmal darüber nachdenken, welche Argumente/Fragen Ihr Gegenüber bringen wird und wie Sie darauf reagieren.

3. Selbst überzeugt sein

Seien Sie von dem, was Sie sagen, 100%ig überzeugt. Nur dann können Sie auch andere Menschen überzeugen. Wenn Sie inhaltlich und innerlich zögern, sind Ihre Argumente genauso zögerlich, und Sie werden es nicht schaffen, andere von etwas zu überzeugen, an das Sie selbst nicht glauben. Lassen Sie sich nur auf dialektische Auseinandersetzungen ein, wenn Sie selbst überzeugt sind.

4. Emotional (re)agieren

Betreten Sie einmal die Welt Ihres Gesprächspartners. Fühlen Sie sich ein, überlegen Sie, warum er wie (re)agiert. So finden Sie z.B. auch die Stärken und Schwächen Ihres Gegenübers heraus und können entsprechend emotional an ihn herangehen. Und machen Sie sich eines klar: Weder durch falsches (anbiederndes) Gehabe noch durch das Beharren auf dem eigenen Standpunkt kommen Sie zu einem Konsens. Gehen Sie menschlich mit Menschen um und Sie werden sich auch nach der dialektischen Auseinandersetzung noch respektieren.

5. Kreativität einbringen

Bringen Sie sich ein und nehmen Sie das Geschehen aktiv in die Hand. Tun Sie Ihre Meinung kund und beleben Sie das Gespräch oder die Diskussion, wenn die Situation verfahren scheint, durch kreatives „über-den-eigenen-Tellerrand-Blicken". Finden Sie Gemeinsamkeiten (die es, auch wenn man nicht daran glauben kann, immer gibt) oder bringen Sie durch ungewöhnliche Geschichten oder Beispiele Abwechslung ins Gespräch.

Durch die „weichen Faktoren" überzeugen

Erfolgreiche Verhandlungskünstler verdanken ihre Wettbewerbsvorteile ihrem kommunikativen Geschick. Oft kommt es darauf an, ein klein bisschen besser zu sein als die Anderen! Fehlende kommunikative Kompetenz und ein Defizit an emotionaler Intelligenz sind im Berufsleben große Hindernisse. Heute geben die so genannten „weichen Faktoren" wie kommunikative Kompetenz, Sozialverhalten und Teamfähigkeit den Ausschlag für den beruflichen Erfolg. Gute Zeugnisse und Fachkompetenz werden meistens einfach vorausgesetzt. Amerikanische Erfolgstrainer behaupten sogar, der berufliche Erfolg basiere nur zu 20 % auf Fachwissen! Vieles ist durch entsprechendes Coaching lernbar. Bei der Kommunikation von Mensch zu Mensch geben die Gefühle meist den Ausschlag für den Gesprächsverlauf. Wer es schafft, sich emotional auf seinen Partner einzustellen, hat gute Aussichten auf ein positives Ergebnis. Dabei muss sowohl auf Sprache und Wortwahl geachtet werden wie auf Gestik, Mimik, Körpersprache und das äußere Erscheinungsbild.

Die innere Einstellung zählt

Wichtig ist in jedem Fall Ihre innere Einstellung. Wer rücksichtslos eigene Vorteile erlangen will, wird auf Dauer bei aller dialektischen Brillanz sehr einsam und wenig erfolgreich sein. Es kommt auf den gezielten Einsatz der dialektischen Künste an. Setzen Sie Ihr Wissen so ein, dass Sie die Beziehungsebene zu Ihrem Gesprächspartner nicht von vornherein belasten. Vielleicht gibt es doch die Möglichkeit, das Gespräch so zu führen, dass beide am Ende „heil" aus dem Gespräch herauskommen. Beide können gewinnen oder zumindest sich noch in die Augen schauen.

Wenn wir Dialektik als die Kunst zu überzeugen definieren, sind dann die Mittel der fairen Dialektik erlaubt, während die Mittel der unfairen Dialektik vermieden werden sollten. Die Crux ist dabei leider, dass Ihr Gegenüber entscheidet, ob eine Äußerung der fairen oder unfairen Dialektik zuzuordnen ist. Darauf haben Sie kaum Einfluss. Daher ist Vorsicht geboten.

Vier Beispiele von unfairer Dialektik

Hier folgen vier Beispiele unfairer Dialektik und jeweils faire und unfaire Repliken:

1. Während einer Diskussion verliert sich Ihr Gegenüber in langen abstrakten Ausführungen. Sie wollen keineswegs die Logik seiner Ausführungen hinterfragen.

„Wenn ich Ihre Ausführungen höre, habe ich das Gefühl, dass Ihr IQ kaum höher ist als die Raumtemperatur."

Mögliche Replik, wenn Sie selbst betroffen sind:
→ Wieso lässt Sie denn die Komplexität meiner Gedankengänge und die hohe Raumtemperatur ins Schwitzen kommen? (unfair)
→ Ihr Gehirn scheint aufgrund der Temperatur Ausfallerscheinungen aufzuweisen. (unfair)
→ Soll ich vielleicht den Heizkörper für Sie hochdrehen? (unfair)
→ Ich habe mich wohl unpräzise ausgedrückt. Welche Punkte sollte ich Ihrer Meinung nach verdeutlichen? (fair)

2. Sie wollen Ihren Gesprächspartner bloßstellen und ihn disqualifizieren. Sie schrecken vor Beleidigungen nicht zurück.

„Das, was Sie von sich geben, ist nur fundiertes Halbwissen. Das Ganze entbehrt jeglicher wissenschaftlicher Grundlage."

Mögliche Replik, wenn Sie selbst betroffen sind:
→ Wieso benutzen Sie als seriöser Mensch plumpe Beleidigungen statt stichhaltige Argumente (unfair)?
→ Ich habe Schwierigkeiten, Ihnen zu folgen; bitte helfen Sie mir. (fair)
→ Ihre Aussage macht mich sehr betroffen. Bitte klären Sie mich auf. (fair)

3. Sie berufen sich auf eine Pseudosachlichkeit und führen die Meinung der Experten ins Feld.

„Hochkarätige Experten sind da ganz anderer Meinung. Sie sind einhellig zu dem Schluss gekommen, dass ..."

Mögliche Replik, wenn Sie selbst betroffen sind:
→ Wie können Sie das denn überhaupt beurteilen? (unfair)
→ Ausgerechnet Sie wollen das beurteilen! (unfair)
→ Welche Argumente werden von den Experten genannt? (fair)
→ Mich interessiert Ihre eigene Meinung dazu. (fair)
→ Aufgrund welcher wissenschaftlichen Methoden und mit welchen statistischen Verfahren sind die Experten zu diesem Schluss gekommen? (fair)

4. Sie berufen sich auf die mangelnde Erfahrung Ihres Gegenübers oder behaupten, dass er/sie als Vertreter(in) eines bestimmten „Geschlechts" nicht kompetent wäre.

„Sie als junge Führungskraft/Mann/Frau können das doch gar nicht beurteilen!"

Mögliche Replik, wenn Sie selbst betroffen sind:
→ Seit wann hat denn Erfahrung mit Kompetenz etwas zu tun? (unfair)
→ Welche Eigenschaften fehlen mir dazu? (fair)
→ In welchem genauen Bereich ist aus Ihrer Sicht Entwicklung nötig? (fair)

Anmerkung: Auch wenn Sie bei unfairen Äußerungen dazu neigen, mit voller Wucht unfair zu kontern, sollten Sie immer darauf achten, eine gute Beziehungsebene zu Ihrem Gegenüber aufrechtzuerhalten. Sonst gewinnen Sie vielleicht eine Schlacht, jedoch nicht den Krieg.
Bei Äußerungen der *fairen* Dialektik achten Sie bitte darauf, das Wort „denn" nicht zu benutzen. In der deutschen Sprache beinhaltet „denn" *immer* einen Vorwurf.

Vorhergehende Beispiele haben es deutlich gemacht: Gegen verbale Attacken kann man unfair genauso vorgehen wie fair. Die Frage ist nur, wie Sie aus dem Gespräch herausgehen wollen – als Sieger oder fairer Gesprächspartner. Wie schon der Titel dieses Buches aussagt, wollen wir uns mehr der fairen Kommunikation widmen und einem Weg der Menschen zueinander. In Gesprächen wie auch bei Diskussionen oder in einer Rede zählt deshalb eines: Damit unfaire dialektische Methoden erst gar nicht benötigt werden, ist eine gute Argumentation der Schlüssel zur Überzeugung.

Die Argumentation macht's!

Kaum ein Tag vergeht, an dem wir nicht mit anderen Menschen sprechen, diese von etwas überzeugen wollen oder selbst von etwas überzeugt werden. Dies alles geschieht durch die Kunst, Argumente richtig einzusetzen. Wir argumentieren mit unseren Ehepartnern, welches Fernsehprogramm wir warum ansehen wollen. Wir argumentieren mit unseren Kindern, um sie zu überzeugen, dass Zähneputzen notwendig ist. Und wir argumentieren mit unserem Kunden, wenn wir ihm zeigen, aus welchen Gründen unser Produkt und unsere Dienstleistung genau das ist, was er wohl braucht. Wir tragen unsere Meinung vor, hören die Argumente des anderen an, stellen Fragen und beantworten Fragen – die Argumentation macht's! Und wie der französische Philosoph Claude Adrien Helvetius (1715 – 1771) schon feststellte: „Nur im Widerstreit gegensätzlicher Meinungen wird die Wahrheit entdeckt und an den Tag gebracht." Freuen Sie sich also auf jede sprachliche Auseinandersetzung, in der Sie Ihre Argumentationsfähigkeit trainieren können, denn: „Der Widerspruch ist es, der uns produktiv macht", meinte schon Johann Wolfgang von Goethe.

Grundlagen der Argumentation

Die große Kunst der Argumentation liegt darin, die richtigen Begründungen der eigenen Meinung auszuwählen, sie in den Gesprächsverlauf sinnvoll einzuplanen und sie überzeugend zu präsentieren. In Band 20 der Arbeitshefte Führungspsychologie („*Das Sachgespräch als Führungsinstrument*") beschäftigt sich Ekkehard Crisand sehr ausführlich mit den Grundlagen der Argumentation: „Damit bei einem Gespräch erfolgreich argumentiert werden kann, ist es erforderlich, gewisse Grundlagen zu beachten." Zu diesen Grundlagen zählt er:

➜ Logisches Sprechen
➜ Argumentationsfiguren
➜ Argumentationsvorbereitung

Wie Gesprächspartner argumentieren, entscheidet über den Ausgang des Gesprächs. Wird der Partner überzeugt oder überredet? Die Grenzen sind manchmal fließend, und doch kann davon ausgegangen werden, dass eine saubere Argumentationsweise der Hauptfaktor für den erfolgreichen Verlauf eines Gespräches ist. Kommen wir zu den wesentlichen Faktoren:

1. Logisches Sprechen

Beachten Sie die Gesetze der Logik, besonders bei der Aneinanderreihung von Argumenten. Wenn diese nicht logisch aufgebaut sind, können Sie Ihren Gesprächspartner meist auch nicht überzeugen. Was Sie in jedem Fall vermeiden sollten, sind Assoziationen, die Sie und Ihren Gesprächspartner nur vom eigentlichen Thema abbringen. Folgendes Beispiel macht dies deutlich:

Herr Ignaz: Bei der Durchführung des Projektes müssen wir berücksichtigen, dass einige Punkte mit dem zuständigen Architekten – wussten Sie übrigens, dass dieser als einer der ersten mit neuesten Baustoffen experimentierte – abgesprochen werden.

Herr Müller: Das ist doch der Architekt, der in Manchester dieses neuartige „Falt-Haus" gebaut hat, oder?

Herr Ignaz: Ja, genau und außerdem ist in Manchester doch ...

Wie Sie sicher merken, sind die Gesprächspartner vom eigentlichen Thema, der Absprache, wie dieses Projekt durchgeführt werden soll, meilenweit weg. Nicht nur, dass Herr Ignaz durch die eigene Assoziation seine Argumentation unterbrochen hat, im Gespräch kommen die beiden vom Projekt über den Architekten direkt nach Manchester (und wer weiß, wohin noch?). Hin wollten Sie da bestimmt nicht! Solche Gespräche sind im lockeren Umfeld sicher üblich und auch vollkommen in Ordnung. Wollen Sie im geschäftlichen Bereich und speziell in der Führungsarbeit (mehr dazu in Kapitel 5) allerdings Erfolge verzeichnen, so funktioniert dies nur durch die Beachtung einer logischen Argumentation.

Sicher kennen Sie selbst die Situation: Sie berichten etwas und schon fällt Ihnen noch etwas Wichtiges im Umfeld ein. Oder wenn Ihnen jemand etwas erzählt und Sie sofort auch eine passende Geschichte auf Lager haben. Zügeln Sie sich in beiden Situationen. Sie tun sich keinen Gefallen, wenn Sie abschweifen und jeden Gedanken sofort aussprechen, und Sie tun Ihrem Gesprächspartner keinen Gefallen, wenn Sie ihn aus dem Konzept bringen (außer Sie beabsichtigen dies!).

2. Argumentationsfiguren

„Argumentationsfiguren zeigen, welche unterschiedlichen Möglichkeiten es gibt, die einzelnen Argumente zu einer logischen und überzeugenden Gesamtaussage aufzubauen." Laut Crisand/Pitzek und ihrem Buch *„Das Sachgespräch als Führungsinstrument"*, aus dem auch dieses Zitat stammt, gibt es sechs gebräuchliche Argumentationsfiguren:

a) Kette
Hier bauen, nach der Bekanntgabe der eigenen Meinung, die einzelnen Argumente logisch aufeinander auf:

Meinung: Eine Verkürzung der Schuldauer in Deutschland ist unbedingt erforderlich.

Argument 1: Weil wir im internationalen Vergleich die längste Schuldauer haben und dadurch in der Nachwuchsförderung nicht konkurrenzfähig sind.

Argument 2: Außerdem ist die Länge der Schuldauer kein Indiz für Qualität, wie die Pisa-Studie zeigt.

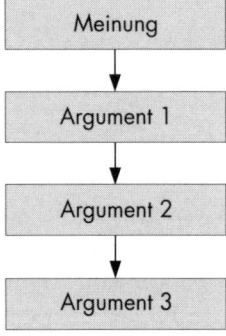

Hier kann die Reihenfolge auch umgekehrt sein, so dass zuerst die Argumente und danach die Meinung gesagt wird:

Argument 1: wie gehabt
Argument 2: wie gehabt
Meinung: Deshalb bin ich für eine Verkürzung der Schuldauer in Deutschland.

b) Raute

Hier erfolgt die Argumentation in drei Blöcken, der Einleitung, dem Hauptteil und dem Schluss. Bei der Einleitung wird das Problem genannt, das im Hauptteil durch Argumente gestützt wird. Der Schluss beinhaltet eine Lösung, die alle Argumente berücksichtigt:

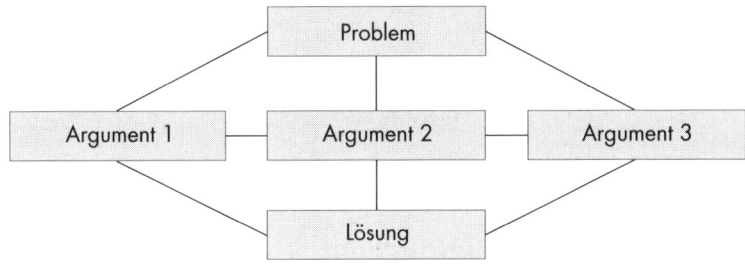

Hier ein Beispiel dazu:

Problemschilderung (Einleitung): Die Herausforderung, umweltgerecht zu bauen, ist sicher sehr komplex. Es gibt unterschiedliche Lösungsansätze. Drei Überlegungen scheinen mir besonders wichtig:

Argument 1/2/3 (Hauptteil): Erstens: der Kostenfaktor durch geringere Heizkosten. Zweitens: die Verantwortung für unser aller Umwelt. Drittens: das gesunde Wohnklima.

Lösung (Schluss): Diesen Forderungen wird meiner Meinung nach nur eine Lösung gerecht: das Bio-Haus von Hausbau Rüssel.

c) Dialektik

Hier werden verschiedene Sichtweisen dargelegt und aus der Abwägung eine Lösung vorgeschlagen. Ein Beispiel:

Es gibt einige Meinungen zu dem Thema der Mülltrennung. So sind viele der Ansicht, dass Mülltrennung durchaus sinnvoll für die Müllentsorgung und für den Einzelnen wohl kein großer Aufwand ist. Dieser Meinung stehen jedoch Fernsehberichte entgegen, nach denen getrennter Müll auf der Müllkippe wieder zusammengeschüttet wird. Schon die Zahlen des ... sprechen dafür, dass Mülltrennung durchaus positive Auswirkungen auf unsere Umwelt hat. Aus diesem Grund bin ich dafür, ...

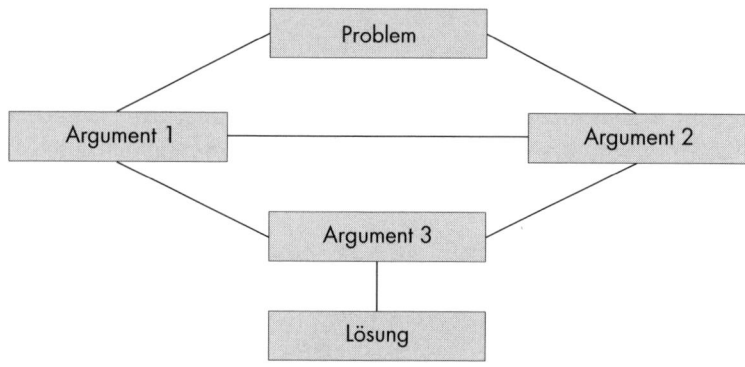

d) Vom Allgemeinen zum Besonderen

Hier folgt in der Argumentationsfigur einer allgemeinen Meinung die eigene Erfahrung, die durch Argumente gestützt wird und aus der eine Lösung angeboten wird, z.B. mit den Einleitungen:

Die Allgemeinheit ist der Meinung, dass ...
Ich sehe die ganze Situation hingegen so ...
Argument 1
Argument 2
Also, ...

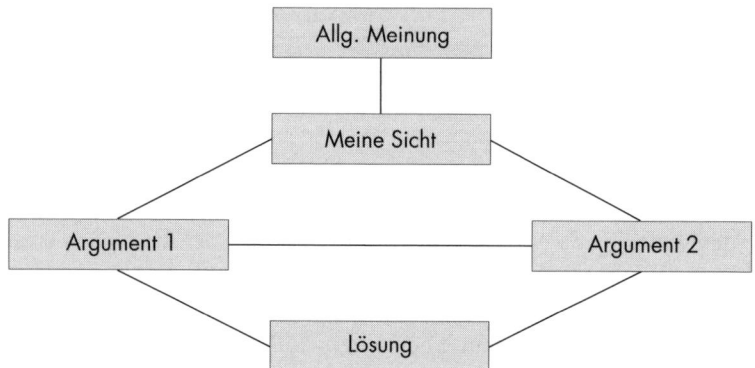

e) Keine Alternative

Hier werden zwei Sichtweisen zu einem Problem miteinander verglichen und eine unabhängige Lösung dargestellt, z.B. mit den Einleitungen:

Herr Giese ist der Meinung, dass ...
Er begründet sie mit ...
Herr Frank möchte im Gegensatz dazu ...
Und begründet so ...
Ich kann mich keiner der beiden Meinungen anschließen und schlage folgende Lösung vor: ...

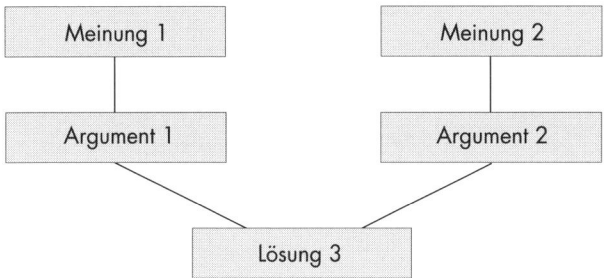

f) Kompromiss

Hier sind zwar unterschiedliche Meinungen vorhanden, man sucht jedoch nach einem gemeinsamen Lösungsansatz, z.B. mit den Einleitungen:

Herr Ludwig ist der Meinung, dass ...
Herr Fritz hingegen vertritt die Auffassung, dass ...
Beide sehen gemeinsam ...
Aus dieser Gemeinsamkeit lässt sich folgende Lösung entwickeln ...
Wir sollten gemeinsam daran arbeiten, dass ...

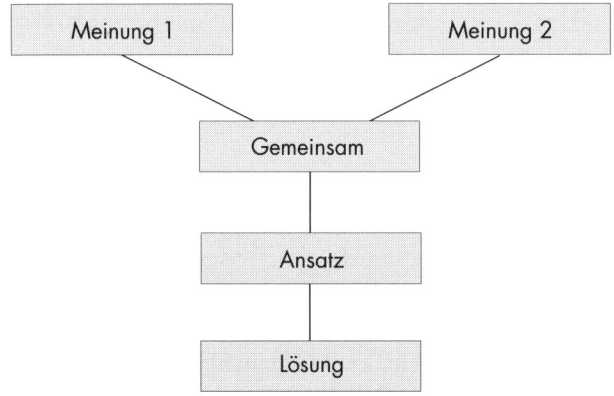

3. Argumentationsvorbereitung

Genauso wie Sie sich auf eine Rede intensiv vorbereiten, sollten Sie sich auch auf ein voraussehbares Argumentationsgespräch vorbereiten. Wichtig ist natürlich Ihre Meinung oder wie der französische Schriftsteller André Maurois sagte: „Das schwierigste am Diskutieren ist nicht, den eigenen Standpunkt zu verteidigen, sondern ihn zu kennen." Dann müssen Sie festlegen, ob Sie Ihr Gegenüber überzeugen oder überreden wollen. Überlegen Sie sich auch, welche Argumente Ihr Gegenüber anbringen kann. Denn: „Beim Disputieren ist ein sehr feiner und bitterer Griff, erst die Gründe des Gegners noch viel stärker vorzustellen, als er sie selbst vorzustellen imstande war, und dann alles mit triftigen Gründen aus dem Weg zu räumen." (Lichtenberg) Die nächste Frage, die sich Ihnen also stellt, lautet: „Wie kann ich die möglichen Argumente meines Gegenübers entkräften?" Legen Sie Ihre Argumente genau fest und entscheiden Sie sich für eine Argumentationsfigur. Dann überprüfen Sie bitte noch, ob Sie „offizielle" Unterstützung für Ihre Argumente benötigen. Ein paar Zahlen, wissenschaftliche Untersuchungen oder die Meinung eines Professors haben hier oft schon wahre Wunder bewirkt.

Einen wesentlichen Tipp zum Thema „Argumentation" gibt Benjamin Franklin in seinen Lebenserinnerungen: „Um einen anderen zu überzeugen, muss man seine Angelegenheit ruhig und genau darlegen. Kratzen Sie sich dann am Kopf oder schütteln Sie ihn ein bisschen und sagen dann, dass Sie sich aber möglicherweise auch irren können. Diese Bemerkung hindert Ihren Gesprächspartner daran, Ihnen gleich wütend zu widersprechen. Er wird eher versuchen, Ihnen zu helfen, die Wahrheit zu finden und Zweifel zu überwinden."

Argumente aus Bildern

Argumente treffen dann ins Schwarze, wenn diese die Gefühlswelt Ihres Gegenübers ansprechen. Wenn Sie Argumente hören, mit denen Sie sofort ein Bild verbinden, die Sie durch eigene Erfahrungen und Erlebnisse nachvollziehen können, sind Sie eher dazu bereit, zuzustimmen. Umso wichtiger ist es umgekehrt auch für Sie, Argumente auszuwählen, die von Ihrem Gegenüber am besten selbst schon einmal erlebt worden sind. Dies gilt sowohl für eine vor größerem Publikum gehaltene Rede als auch für ein Gespräch „unter vier Augen".

Machen Sie nicht nur ein Bild, sondern lassen Sie im Idealfall einen ganzen Film ablaufen. In der Rede erreichen Sie durch eine Geschichte, die wirklich jeder schon einmal erlebt hat, sofort die Zustimmung der ganzen Zuhörerschar. Ein Beispiel, das viele Trainer immer wieder verwenden: Stellen Sie sich doch einmal vor, Sie stehen im Stau (wer von den 1000 Führungskräften und Managern kennt diese Situation wohl nicht?), ein wichtiger Termin steht an (wie täglich) und Sie können aufgrund eines

Funklochs (wer hat sich darüber nicht schon geärgert?) nicht anrufen und den Termin verschieben ... und schon haben Sie die Zuhörer emotional gefesselt.

Nahezu jeder ist momentan in dieser Gefühlswelt, weiß, wie er sich jetzt fühlt, ist sauer auf den Stau, ärgert sich über die schlechte Mobilverbindung und, und, und ... Wenn Sie es jetzt schaffen, eine Strategie aufzuzeigen, wie die Zuhörer aus diesem Gefühl wieder herauskommen, haben Sie 1000 aufmerksame und begeisterte Zuhörer. Und im Zweiergespräch ist es ähnlich. Wenn Sie als Verkäufer Ihrem Kunden, von dem Sie natürlich wissen, dass er gerne auffällt und extravagante Dinge schätzt, erzählen: „Mit diesem exklusiven und einmaligen Auto werden Sie im Sommer mit offenem Verdeck in der Münchner Leopoldstraße sicher für Aufsehen sorgen. Die jungen Mädels werden Ihnen hinterherschauen und am liebsten auch eine Runde mit Ihnen drehen wollen. Stellen Sie sich nur mal vor, wie Sie in dem weichen Leder sitzen, die Sonne wärmt Ihre Haut, der Sommerwind und die Düfte aus einer Cafeteria ..." Ihr Kunde kann sich vor Ihnen gar nicht mehr retten!

Von Autoritäten, Normen und Gesetzen

Argumente müssen glaubhaft wirken, sonst erreichen diese nicht Ihr Gegenüber und Sie nicht Ihr Ziel, nämlich den anderen zu überzeugen. Von bildhaften Argumenten, in denen sich der Gesprächspartner wieder erkennt, haben wir bereits gehört. Es gibt jedoch noch andere Argumentationsmöglichkeiten:

1. Lassen Sie Autoritäten sprechen

Zitieren Sie bekannte Persönlichkeiten oder anerkannte Spezialisten. Deren Kompetenz wird meist nicht angezweifelt – ganz im Gegenteil. Wenn eine Person, die in der Öffentlichkeit steht, eine Aussage zu dem Thema XY trifft, stehen gleich tausende Menschen ebenfalls dahinter. Und wenn Professor Ich-weiß-alles über die neuesten Mittel zur Verhinderung eines Herzinfarktes spricht, gehen am nächsten Tag soundsoviele Menschen in die Apotheke und wollen dieses Mittel kaufen. Autoritäten vertraut man(n) und auch frau. Ob der Wahrheitsgehalt nun besonders hoch ist oder nicht, bleibt dahingestellt. „Wenn der oder die das schon sagt, ..."

2. Gesetze sind allgemein gültig

Normen und Gesetze gelten nun mal für jedermann (und wer sich nicht daran hält, wird im Allgemeinen bestraft). Deshalb eignen sich Normen und Gesetze auch hervorragend, um einem Argument die nötige Glaubwürdigkeit zu verleihen.

3. ZDF: Zahlen, Daten, Fakten

Fakten, Meinungsumfragen, Statistiken – auch wenn die letzten beiden Punkte die Fakten nicht immer bestätigen, so bleibt doch unbestritten, dass sich Menschen gerne davon überzeugen lassen. Sie treffen Entscheidungen nach Meinungsumfragen und fühlen sich mehr oder weniger in der eigenen Meinung bestätigt.

4. Eigene Erfahrungen

Geschichten, die das Leben schrieb, lassen Argumente heller leuchten. Und wenn Sie es schaffen, diese Geschichten auch noch auf andere zu übertragen, haben Sie schon fast gewonnen. Nehmen Sie Beispiele, die jeder schon einmal erlebt hat, ob das der Stau auf der Fahrt in den Urlaub war oder der Kellner, der Sie (und tausend andere) nicht entsprechend bedient hat ... Sie werden merken, dass in dem Moment, in dem Sie von gleichen oder ähnlichen Erfahrungen sprechen, Argumente gar nicht mehr so viel zählen.

5. Analogien

Stellen Sie Vergleiche an. Im Gericht wird dies von den Anwälten immer wieder als Argumentationsgrundlage genutzt. Wenn es schon einmal ein Gerichtsurteil in einem ähnlichen Zusammenhang gab, wird dieses angeführt und kann die Entscheidung des Richters enorm beeinflussen. Genauso können Vergleiche Ihren Gesprächspartner überzeugen.

Argumente und alle Möglichkeiten, diese zu übermitteln, helfen Ihnen, Menschen im Gespräch zu überzeugen und zu begeistern. In den verschiedensten Situationen.

Situationen nutzen

Die Kunst, zu überzeugen, können Sie in den verschiedensten Situationen üben. Ob Gespräch, Diskussion/Debatte oder Interview – jede Plattform bietet andere Möglichkeiten des Trainings.

1. Das Gespräch

Im Gespräch sollten Sie immer den Partner in den Mittelpunkt stellen. Drei Arten des Gesprächs spielen im täglichen Leben eine Rolle:
→ Das Kontaktgespräch dient dem Kennenlernen.
→ Das Sachgespräch dient dem Informationsaustausch (z.B. Verhandlung).
→ Das Konfliktgespräch dient der Erkennung und Lösung von Unstimmigkeiten.

Dazu im Kapitel 5 mehr!

2. Die Diskussion – die Debatte

Nicht jeder, der Karriere machen will, muss unbedingt ein rhetorisches Genie sein und vor großem Publikum brillieren. Anders schaut es da schon mit Verhandlungen, Diskussionen oder Debatten aus. Diesen wird er sich nicht entziehen können. Und ein fachlicher Experte muss sein Gegenüber immer noch von diesem Fakt überzeugen. Das Reden im Dialog, zu diskutieren und debattieren, kann sehr viel Spaß machen. Vorausgesetzt Sie beachten einiges Grundlegendes.

Diskussion: Bei einer Diskussion geht es immer um die Sache. Achten Sie darauf, dass alle an der Diskussion Beteiligten auf einem annähernd gleichen Informationsstand sind. Klären Sie im Vorfeld die wichtigsten Begriffe ab, damit alle vom Gleichen sprechen. Und dann kann es auch schon losgehen. Ob eine Diskussion im Zweiergespräch oder in größerer Runde – wer diskutiert, versucht Wahrheiten zu erkunden. Es gibt ein Abwägen, Argumentieren, Folgern. Sachverhalte sollen geklärt werden.

Debatte: Bei der Debatte steht eher Durchsetzungswille, -vermögen und Sieg an erster Stelle. Wer *diskutiert*, hat eine Meinung und tauscht sich mit anderen aus, die eine andere Meinung vertreten. Der Ausgang, wer wen überzeugt oder ob ein Konsens gefunden wird, ist ungewiss. Wer *debattiert*, hat eine klare Meinung und will diese auch durchsetzen. Eines haben Diskussion und Debatte gemeinsam: Jede Debatte, auch wenn dort oft scharfe Aussagen fallen, setzt bei allem Durchsetzen-Wollen doch auf sachliche Argumente – wie auch die Diskussion. Meist geht es jedoch in der Debatte unfair zu.

Ein Tipp: Organisieren Sie doch einfach mal eine Diskussion im privaten Rahmen und trainieren so Ihre Überzeugungskraft: Bilden Sie zwei „Parteien" mit je zwei Mitgliedern und legen Sie ein Thema, z.B. Pro/Kontra „Autofahrverbot am Samstag" oder „Alle Hunde an die Leine" fest. Anschließend diskutieren Sie, indem die beiden Parteien eine klare Pro/Kontra-Meinung vertreten, und versuchen, die Gegenpartei mit Argumenten und Beispielen von ihrer Meinung zu überzeugen. Sie werden feststellen, dass es nicht nur viel Spaß macht, sondern auch verschiedene Fähigkeiten schult, die sich in späteren Gesprächen gut anwenden lassen. Zum Beispiel: Argumente schlüssig zu formulieren und auch einmal aus dem Stegreif auf Argumente eines Gegenübers zu reagieren, diese eventuell zu entkräften und damit einen Pluspunkt auf dem Weg zur Überzeugung zu sammeln. Eine interessante Definition der Diskussion gibt der französische Schriftsteller und Literaturnobelpreisträger von 1915, Romain Rolland: „Eine Diskussion ist unmöglich mit jemandem, der vorgibt, die Wahrheit nicht zu suchen, sondern sie schon zu besitzen."

Idealerweise beachten Sie einfach nachfolgende Spielregeln für Diskussionen:
➜ Gehen Sie offen auf Ihren Gesprächspartner zu.
➜ Bauen Sie Sympathie auf.

→ Stellen Sie Fragen und hören Sie aufmerksam zu.

→ Lassen Sie Ihren Gesprächspartner ausreden.

3. Das Interview

Beim Interview geht es voll und ganz um Sie. Lesen Sie doch einfach Interviews mit Prominenten oder beobachten solche im Fernsehen und lernen aus diesem Frage-und-Antwort-Spiel. Durch welche Fragen kommt der Interviewer am besten an Antworten und wie viel ist der Gefragte bereit, von sich zu verraten. Auf welche Fragen reagieren Menschen eher skeptisch und welche Fragen werden gerne beantwortet? Wie müssen solche Fragen formuliert sein?

Interviewen Sie sich doch einfach mal gegenseitig. Stellen Sie einmal spontan und ein anderes Mal vorbereitete Fragen. Wie geht es Ihnen als Interviewer und umgekehrt als Gefragter. Spielerisch lässt sich hier mehr lernen als in noch so vielen Fachbüchern, die Ihnen zwar die Theorie nahe bringen, jedoch nicht die Praxis.

Eine ungenaue Auskunft ist noch lange keine Lüge

Im Berufsleben passiert es öfter, dass Sie mit Fragen konfrontiert werden, auf die Sie nicht unbedingt antworten möchten oder in dem Moment keine Antwort haben. Sie können in solchen Situationen Ihr gewohntes Kommunikationsverhalten ändern, um dem Gegenüber das Gefühl zu geben, dass Sie seine Frage beantworten. Vor allem in Radio- und Fernsehinterviews ist es von großem Nutzen, wenn Sie zu einer Scheinantwort oder ausweichenden Antwort greifen, denn eine Nichtbeantwortung der Frage könnte gegen Sie ausgelegt werden. Was ist denn genau gemeint?

Ein Journalist fragt Sie: „Sagen Sie mal, Herr Müller, wie erklären Sie sich, dass Ihr Unternehmen in der Öffentlichkeit den Ruf hat, Mitarbeiter zu verheizen?"

„Gerne beantworte ich Ihre Frage. Der Leistungsdruck, dem die Mitarbeiter und vor allem die Führungskräfte in innovativen Unternehmen ausgesetzt sind, ist enorm. Diese Anforderungen, die an Fach- und Führungskräfte in der Vergangenheit gestellt wurden, sind mit denen der heutigen Zeit in keiner Weise zu vergleichen. Daher ist es für Unternehmer unbedingt erforderlich, die Arbeitszeit der Mitarbeiter optimal zu gestalten und vor allem die Dimension der Freizeit und des Stressausgleichs in unseren strategischen Überlegungen mit zu berücksichtigen. Gemeinsam mit den Mitarbeitern integrieren wir die Sphäre der Persönlichkeitsentfaltung in unsere unternehmerische Vision. Der Stellenwert, den wir der Aus- und Fortbildung beimessen, orientiert sich an den heutigen Erfordernissen."

Die Chance, dass der Journalist seine ursprüngliche Frage vergessen hat, ist sehr hoch.

Auf die Frage eines Bewerbers, welche Entwicklungsmöglichkeiten ihm das Unternehmen bietet, kann der Personalchef, wenn er tatsächlich nichts Genaues dazu sagen kann, weit ausholen:

„Gerne beantworte ich Ihre Frage. Die Entwicklung der Mitarbeiter und die Förderung des individuellen Potenzials werden bei uns groß geschrieben. Im Zentralbereich Human Resources ist es unsere vordringliche Aufgabe, als innovatives Unternehmen die freie Entfaltung der Kompetenzen unserer Nachwuchs- und Führungskräfte in Einklang mit unserer Firmenphilosophie zu unterstützen. Ich bin sicher, dass unsere Personalpolitik Ihren Ansprüchen gerecht werden wird. Welche Fragen haben Sie noch?"

Oft wird in Seminaren die Frage aufgeworfen, ob es legitim sei, so vorzugehen. Eindeutig ja, wenn Sie das Gefühl haben, dass Ihr Gegenüber versucht, Sie zu verunsichern oder verbal in die Ecke zu treiben.

> „Man sage immer die Wahrheit, doch man sage die Wahrheit nicht immer."
> – alter Jesuiten-Spruch

„Mentalreservation" (reservatio mentalis)

Wer eine vage Antwort gibt, lügt noch lange nicht. Diese „Mentalreservation" (reservatio mentalis) hat eine lange geschichtliche Tradition, unter anderem bei den Jesuiten, die sie über Gebühr benutzt haben sollen.

Lassen Sie uns ein Beispiel nehmen: Sie sind Führungskraft in einem Unternehmen. Das Unternehmen hatte in den letzten sechs Monaten einen Umsatzeinbruch. Mittlerweile hat sich die Situation stabilisiert. Ein Mitarbeiter bittet Sie um Gehaltserhöhung. Sie sagen ihm: „Bitte haben Sie Verständnis dafür, wenn wir Ihrem Wunsch nach einer Gehaltserhöhung nicht gerecht werden. Wir hatten in den letzten sechs Monaten einen Umsatzeinbruch, der uns große Schwierigkeiten bereitet hat."

Einzeln betrachtet sind beide Sätze wahr, jedoch nicht in dieser Kombination. Die Führungskraft lügt nicht. Das Gehirn des Mitarbeiters verknüpft jedoch beide Aussagen, obwohl das Unternehmen im zweiten Halbjahr einen großen Erfolg verzeichnet.

Diese dialektische Methode der *reservatio mentalis* sollten Sie jedoch nur dann einsetzen, wenn Sie Ihrem Gegenüber nicht schaden und keine andere Wahl haben. Die Haftung für den Einsatz dieser Technik übernehmen Sie selbst!

7 ± 2 Chunks

In der Regel prüfen Menschen, was Sie hören, kritisch auf Inhalt und Stimmigkeit. Manchmal wird diese Fähigkeit jedoch überfordert und die üblichen Prüfmechanismen werden ausgeschaltet. Dies ist ohne weiteres möglich, wenn man sich bewusst ist, dass unser Kurzzeitgedächtnis nur eine begrenzte Anzahl von Informationen aufnehmen kann. Unser Kurzzeitspeicher kann durchschnittlich 7±2 Items (Informationseinheiten) auf einmal aufnehmen – so genannte Chunks (wie es im NLP heißt).

Das ist ein einfaches Prinzip, und Mitte des vorigen Jahrhunderts wurden viele ähnliche Experimente gemacht. 1956 veröffentlichte dann Georg Miller seinen berühmten Artikel mit dem Titel: *„The Magical Number 7, Plus or Minus Two: Some Limits on Our Capacity for Processing Information".*

Sicher kennen Sie das vom Wählen einer Telefonnummer: Bei bis zu etwa sieben Ziffern genügt ein Blick ins Adressbuch, um die Nummer zu wählen. Kommen jedoch mehr hinzu, läuft unser Kurzzeitspeicher über, und wir müssen ein zweites Mal nachschauen. Chunks aus fünf Items (Informationseinheiten) sind also eine optimale Teilmenge für das Einprägen, da sie von nahezu jedem Menschen bequem erfasst werden können. Das wird natürlich noch durch variable Faktoren wie gezieltes Gedächtnistraining, Tagesform, Tageszeit, Motivation usw. positiv oder negativ beeinflusst.

Ähnlich ist es auch in Gesprächssituationen. Sie können aus dem Gehörten 7±2 Informationen herausfiltern und kritisch prüfen. Hören Sie mehr Details, wird es für Sie schwierig, die Zusammenhänge herzustellen. Sie nehmen dann Informationen als gegeben hin und haben überhaupt nicht mehr die Chance, sie zu hinterfragen. Einfach deswegen, weil Ihr Auffassungsvermögen in dem Moment „überlastet" ist. Wichtige Informationen nehmen Sie dann einfach hin, weil sie Ihnen nicht als „Botschaft" bewusst sind. Sie hinterfragen auch nicht mehr deren Wahrheitsgehalt. Dies geschieht in Bruchteilen von Sekunden – und natürlich unbewusst.

Stellen Sie sich nun einmal vor, Sie wären Geschäftsführer eines Unternehmens und Ihr Gesprächspartner, ein Key-Account-Manager bei einem Ihrer Lieferanten, möchte Sie davon überzeugen, dass Langzeitverträge mit Lieferanten für Sie die besten Konditionen bringen. So könnte er mit der 7±2 Methode vorgehen:

„Einer unserer Kunden ist in der Baubranche tätig, ein mittelständisches Unternehmen, sehr solide, mit einer gesunden Kundenstruktur. Neulich traf ich den Geschäftsführer, der eben aus Spanien zurückkam, toll gebräunt, gut gelaunt. Er sagte mir: Wissen Sie, Herr Redselig, ich habe mir überlegt, dass ich mein Leben jetzt vereinfachen werde. Ich habe so viel Zeit mit Kleinigkeiten verloren, und dabei ist wenig rumgekommen. Nach dem Spanienurlaub, wo ich über einiges nachgedacht habe, werde ich jetzt Prioritäten setzen und

nur mit einigen Lieferanten zusammenarbeiten, denn ich sage Ihnen eins: »Langzeitver-
träge mit Lieferanten bringen die besten Konditionen«."

Die vorausgeschickten Informationen waren nicht von Bedeutung. Sie tragen lediglich dazu bei, die gewohnten Kontrollmechanismen auf Pause zu setzen und die Kritikfähigkeit des Geschäftsführers „einzuschläfern". Sein Kurzzeitspeicher ist wegen der Fülle an Informationen überlastet. Sein Kurzzeit-Auffassungsvermögen ist auch „überfordert". Zwar wird der Geschäftsführer jetzt nicht zwingend jeden Langzeitvertrag mit dem Key-Account-Manager unterschreiben, jedoch leicht verwirrt und – unbewusst – weniger kritisch ist er sicherlich.

Wenn Sie selbst ein kritischer Mensch sind, werden Sie jetzt wohl denken: „Mir kann das nicht passieren!", nicht wahr? Wenn Sie ein vorsichtiger Mensch sind, werden Sie jetzt mit Gegenbeispielen aufwarten, nicht wahr? Achten Sie in Zukunft in Ihrem Alltag verstärkt darauf, wie oft diese Methode von Ihren Gesprächspartnern benutzt wird – allerdings meist mehr unbewusst als bewusst. Sie werden dann eher erkennen, wie solche Gesprächssequenzen ablaufen und so können Sie sich davor besser schützen, nicht wahr?

Gebrauchsanweisung

Sie werden sich jetzt vielleicht fragen, ob es noch möglich ist, redlich zu kommunizieren, wenn Sie jetzt all diese dialektischen Tricks und Kniffe kennen. Sie werden mit der Zeit voller Erstaunen die Erfahrung machen, dass die Kenntnis dieser Methoden und das Gefühl, sie jederzeit einsetzen zu können, Ihnen ein unglaubliches Gefühl von Sicherheit geben werden. Die anderen werden es auch spüren, und außer in Notsituationen werden Sie diese Methoden kaum noch benutzen (müssen), weil Sie merkwürdigerweise kaum noch mit Angriffen konfrontiert werden.

Bevor Sie dialektische Mittel benutzen, überlegen Sie jedes Mal, ob es wirklich nötig ist. Wichtig ist in jedem Fall Ihre innere Einstellung. Wer von seiner sprachlichen Überlegenheit Gebrauch macht, um rücksichtslos eigene Vorteile zu erlangen, wird auf Dauer sehr einsam und wenig erfolgreich sein. Es kommt auf den gezielten Einsatz des Wissens an – beispielsweise, wenn Sie sich in einer ausweglosen Situation befinden oder wenn Sie jemanden – aufgrund bestimmter Rahmenbedingungen – unbedingt von etwas überzeugen müssen. Was spricht sonst dagegen, ein Gespräch immer so zu führen, dass alle dadurch profitieren? Es gibt doch kein schöneres Gefühl als das der Gemeinsamkeit und erst recht nicht als das des gemeinsamen Gewinnens!

Gewinnen, aber wie?

Zunächst eine persönliche Anekdote: Neulich wäre ich von einem Teilnehmer in einer Kaffeepause in einem Seminarhotel fast „erwischt" worden. Er fragte mich: „Darf ein Mann in Russland die Schwester seiner Witwe heiraten?" Ich zögerte kurz zwischen „Ja" und „Nein", rettete mich jedoch blitzschnell folgendermaßen: „Meinen Sie denn im zaristischen Russland oder in der UdSSR?" Im Nu hatte ich ihm den Ball wieder zugeworfen und er war baff. Übrigens, wenn Sie mit „Ja" geantwortet hätten: Der Mann ist tot, sonst hätte er keine Witwe.

An diesem Beispiel können Sie erkennen, dass Fragen nicht nur Fragen sind, sondern manchmal auch entscheidende andere Vorteile haben. Zum Beispiel den, sich etwas Zeit zum Überlegen zu verschaffen. Was Sie über Fragen sonst noch wissen sollten, erfahren Sie im nächsten Kapitel.

4.2 Fragen über Fragen ...

Wenn Sie die richtigen Fragen stellen, erhalten Sie von Ihrem Gesprächspartner auch die gewünschten Antworten. Jedoch Vorsicht vor dem Verhörstil. Wenn Ihr Gesprächspartner das Gefühl hat, er sitzt Ihnen gegenüber, eine 100-Watt-Glühlampe strahlt ihn an und er muss auf unangenehme Fragen antworten, erreichen Sie sicher nicht das gewünschte Ziel. Gehen Sie die Sache locker an. Wenn Sie genau wissen, was Sie wollen, und im Kopf eine klare Struktur haben, wird sich automatisch eine offene Kommunikation mit einem Frage-Antwort-Wechsel entwickeln.

Wer fragt, der führt ...

Wer fragt, der führt, diese Tatsache ist nicht nur versierten Verkäufern bekannt. Mit gezielt eingesetzten Fragen können Sie das Gespräch lenken und Ihren Gesprächspartner dazu aktivieren, mehr zu sagen, als er vielleicht sagen wollte. Es gibt eine Reihe verschiedener Fragetypen, die Ihnen hier kurz vorgestellt werden:

1. Offene Fragen beginnen immer mit einem W-Wort, z.B. wie, wer, was, wo u.a. Diese Fragen dienen überwiegend der Informationsbeschaffung: Wie hoch ist Ihr Budget? Wo befinden sich mögliche Standorte? Wer wird für die Koordination zuständig sein? Mit offenen Fragen erreichen Sie auch einen guten Gesprächseinstieg, weil diese Ihr Gegenüber „öffnen". Auf eine offene Frage kann er nun mal schlecht nur mit Ja oder Nein antworten, wodurch das Gespräch schon fast wieder beendet wäre. (Mehr dazu im Kapitel 5 unter dem Stichwort Small Talk.)

2. Geschlossene Fragen werden immer mit einem „Ja" oder einem „Nein" beantwortet, allenfalls mit „Vielleicht" oder „Ich weiß nicht". Denken Sie doch einfach mal an ein Verhör: Waren Sie zur Tatzeit zu Hause? Besitzen Sie eine Schusswaffe? Kennen Sie ...? Geschlossene Fragen können Sie geschickt verwenden, wenn Sie das Gespräch in eine bestimmte Richtung lenken wollen. Seien Sie jedoch vorsichtig! Die alte Weisheit: „Man muss einem Kunden nur so viele Fragen stellen, die er mit Ja beantworten kann, dann beantwortet er auch die letzte, wichtigste Frage mit Ja" funktioniert schon lange nicht mehr. Ganz im Gegenteil – das Gespräch nervt irgendwann nur noch und einem Verhör setzt sich niemand wirklich gerne aus. Der Grund ist einfach: Diese Methode des amerikanischen Ja-Modus wird in vielen Branchen missbraucht. Sicher kennen auch Sie Anrufe dieser Art von Versicherungen, Zeitschriften-Agenturen oder Call-Centern.

3. Alternativfragen wurden früher gerne genommen, wenn es darum ging, einen Termin zu vereinbaren: Passt es Ihnen besser am Dienstag gegen 13 Uhr oder am Donnerstag gegen 10 Uhr? Hier setzen Sie allerdings voraus, dass Ihr Gegenüber in jedem Fall einen Termin will. Setzen Sie diese Art der geschlossenen Fragen, die zwei Alternativen bieten, deshalb bitte nur gezielt ein.

4. Suggestivfragen sind getarnte Behauptungen. Mit: „Sind Sie nicht auch meiner Meinung, dass ...“ können Sie einen unsicheren Gesprächspartner in eine bestimmte Richtung lenken. Beachten Sie allerdings, dass Sie Ihr Gegenüber mit derartigen Fragen niemals überzeugt haben, selbst wenn dieser Ihnen ggf. zustimmt.

5. Mit Gegenfragen können Sie Ihrem Gegenüber bei einem Angriff den Wind aus dem Segeln nehmen. Stellt z.B. der Kunde fest: „Warum ist Ihr Angebot so teuer?“, antworten Sie einfach mit einer Frage: „Beziehen Sie dies nun auf die Produktionskosten oder den organisatorischen Part?“

Fragen sind eine entscheidende Voraussetzung für den Erfolg eines Gespräches. Sie signalisieren damit Interesse an der anderen Person und deren Meinung. Ob es sich um ein Verkaufsgespräch mit einem Kunden oder ein Konfliktgespräch zwischen einem Vorgesetzten und einem Mitarbeiter handelt – wer fragt, der führt. Wer als Verkäufer mit Fragen genau herausfiltert, welche Bedürfnisse sein Kunde hat, und ihm dann gezielt ein Angebot unterbreitet, wird erfolgreicher verkaufen. Wer als Vorgesetzter nicht gleich das falsche Verhalten eines Mitarbeiters tadelt, sondern durch Fragen herausfindet, welche Beweggründe er hatte, genau so zu handeln, wird als Führungskraft anerkannt. Nur wer die richtigen Fragen stellt, wird am Ende eine gute Lösung für beide Seiten erzielen.

Kurze und präzise Fragen

Ein Tipp an dieser Stelle: Stellen Sie Ihre Fragen kurz und präzise. Nichts ist schlimmer als eine Frage, an deren Ende man nicht mehr weiß, wo der Anfang war. Wie soll man eine solche Frage beantworten? Und achten Sie auch darauf, dass Sie Fragen nicht im nächsten Satz gleich selbst beantworten. Bei Führungskräften lässt sich dieses Vorgehen manchmal beobachten, hören wir doch mal rein:

„Herr Fischer, wie gedenken Sie denn, das neue Projekt anzugehen?“ Und noch bevor Herr Fischer überhaupt die Möglichkeit hat, den Mund aufzumachen, fährt der Vorgesetzte fort: „Also, ich habe das früher, als ich Projektleiter war, ja immer so gemacht ...“

Man sieht noch, wie Herr Fischer sich nach dem Gespräch (das ja gar keines war, sondern mehr oder weniger nur ein Monolog) kopfschüttelnd abwendet. Und sicher spielen sich in seinem Kopf Gedanken ab, wie: „Soll der nur mal reden, ich mache es ja sowieso, wie ich denke", oder: „Ja, früher war alles ganz anders. Wenn der wüsste, wie es heutzutage zugeht."

Warum?

Vermeiden Sie gerade in kritischen Gesprächen ein allzu häufiges „Warum". Sicher kennen Sie das bei Kindern, die mit ihrem ständigen Warum den Wissensdurst stillen wollen und damit ihren Eltern gewaltig auf die Nerven gehen. Oder wenn Menschen nach einem Schicksalsschlag immer fragen: „Warum (ausgerechnet) ich?" So wie es im ersten Fall auf tausend Warum auch tausend Antworten gibt, gibt es auf das eine Warum keine Antwort. Und beides führt nicht zu einem guten Gefühl und Gespräch.

Wenn Sie nach den Ursachen eines Vorfalls fragen wollen, benutzen Sie eher folgende „weichere", objektivere Formulierungen:
➔ Worauf führen Sie es zurück?
➔ Aus welchen Gründen ...?

Die Entschärfungsfrage

Einige von Ihnen kennen sicher diese Situation: Ein Kunde reklamiert. Oder vielleicht waren Sie selbst schon einmal der Kunde, der seinen Unmut äußerte? Wie haben Sie denn Ihre Reklamation formuliert? „Ich habe ein Problem", oder: „Ich möchte mich bei Ihnen beschweren"? Klingt es nicht besser, dieses Anliegen als Frage zu formulieren? Eine solche Frage könnte etwa lauten: „Darf ich Ihnen einen Verbesserungsvorschlag machen?", oder etwas humorvoller: „Ich habe eine kleine Herausforderung für Sie. Können Sie mir helfen?" Viele Menschen haben es verlernt, Fragen zu stellen und reden nur von sich, von ihren Problemen. Viele Führungskräfte wären auch erfolgreicher, wenn sie öfter Fragen stellten. Top-Führungskräfte wissen zur richtigen Zeit die richtige Frage zu stellen.

Denken Sie an das folgende chinesische Sprichwort: „Wer fragt, ist für fünf Minuten dumm; wer nicht fragt, bleibt ein Leben lang dumm."

Die Gegenfrage

Im Geschäfts- und Privatleben kommt es immer wieder vor, dass man auf die Frage eines anderen keine Antwort weiß oder nicht antworten möchte. Eine gute Möglichkeit, um Zeit zu gewinnen und den „Ball" wieder an den anderen zurückzuspielen, ist die Gegenfrage. Sie kann auch eingesetzt werden, um für eine genaue Antwort noch weitere Informationen vom Gegenüber zu erhalten. Doch kommt es bei der Gegenfrage auf die innere Struktur an. Man unterscheidet offene und geschlossene Fragen. Eine offene Frage muss ausführlicher beantwortet werden, während man auf eine geschlossene mit „Ja", „Nein", „Vielleicht" oder „Ich weiß nicht" antworten kann. Die Gegenfrage sollte eine offene Frage sein, damit der andere nicht nur kurz bejaht oder verneint. Einige Beispiele, die direkt aus dem Leben gegriffen sind:

Frage: Warum haben Sie so lange für die Auftragsabwicklung gebraucht?
Gegenfrage: Auf welche unserer Leistungen bezieht sich Ihre Frage?

Frage: Hast du vor mir viele andere Frauen/Männer gehabt?
Gegenfrage: Welche Aspekte meiner Vergangenheit sind wichtig für dich?

Frage: Wo waren Sie gestern zwischen 9 und 12 Uhr?
Gegenfrage: Was möchten Sie mit dieser Frage erreichen?
Oder: Aus welchen Gründen interessiert es Sie?

Überprüfen Sie bei jeder Gegenfrage, ob es wirklich eine offene Frage ist, die man nicht mit „Ja", „Nein" oder „Vielleicht" beantworten kann. Sie können die Gegenfrage-Technik auch mit einem Partner trainieren, der Ihnen unangenehme Fragen stellt. Stellen Sie die richtige Gegenfrage: Ein Ziel der Gegenfrage ist, Zeit zu gewinnen. Daher ist es wichtig, die richtige Gegenfrage zu stellen.

Ein Kollege sagt Ihnen: „Warum bist du so langsam?" *Gegenfrage:* „Seit wann hat denn das Tempo etwas mit der Qualität der Ergebnisse zu tun?"

Vermeiden Sie bei der Gegenfrage-Methode unbedingt Ja-/Nein-Fragen. Beispiel: „Warum bist du so langsam?" *Gegenfrage:* „Mache ich diesen Eindruck auf dich?" Die Antwort ist dann in mindestens 95 % der Fälle: JA, was nicht im Sinne des Erfinders ist.

Die Gegenfrage ist eine der elegantesten Methoden der Dialektik. Eine Gegenfrage kann weich oder hart bis beleidigend gestellt werden. Wenn Sie Rückfragen stellen, vermeiden Sie es, auf jeden Fall mit voller Wucht zurückzuschlagen. Ein Rückzug ist dann kaum noch möglich.

S.O.S.: Ihr Gesprächspartner weicht Ihren Fragen aus

Kennen Sie das, wenn Sie jemanden etwas fragen und derjenige weicht aus? Fragt der Vorgesetzte zum Beispiel seinen Mitarbeiter nach dem Stand eines Projektes und dieser erzählt ihm plötzlich von einem wahnsinnig interessanten Telefonat mit dem Kunden XY. Da ist doch etwas „im Busch", oder? Entwickeln Sie ein Gespür für solche Situationen und „bohren" Sie nicht gleich nach. Denn so erfahren Sie sicher auch nicht mehr. Warten Sie einfach eine Zeit lang ab und formulieren die Frage dann noch einmal neu. Weicht Ihr Gesprächspartner allerdings nochmals aus, begründen Sie Ihre Frage. Ziel ist es, dass Ihr Gegenüber erkennt, wie wichtig Ihnen die Beantwortung dieser Frage ist. Notfalls beruhigen Sie durch eine Zusage, dass, egal welche Antwort auch kommt, keine Sanktionen zu erwarten sind. Vielleicht hat Ihr Gesprächspartner nur Angst davor, die Wahrheit auszusprechen. Und drückt sich durch ein geschicktes Ausweichmanöver darum herum. Machen Sie ihm Mut, offen mit Ihnen darüber zu sprechen, denn nur so können Sie gemeinsam an einer Lösung arbeiten.

Wie Sie unangenehmen Fragen ausweichen

Oft begegnen wir auch Menschen, die von einer unersättlichen Neugierde getrieben sind. In vielen Fällen wollen oder können wir aus bestimmten Gründen deren Fragen nicht beantworten, ohne uns zu kompromittieren oder uns auf Glatteis zu begeben. Mit folgenden bewährten Methoden können Sie unangenehmen Fragen ausweichen. Einige Formulierungen sind weich bis elegant, andere verwirrend bis zerstörerisch:

→ Ich bewundere Ihr Talent, irrelevante Fragen zu stellen.
→ Sie haben mit Ihrer Frage ja schon selbst die Antwort gegeben.
→ Bitte gestatten Sie, dass ich Ihre Frage nicht beantworte. (und fortfahren)
→ Gerne beantworte ich Ihre Frage, wenn Sie mir verraten, was Sie damit bezwecken?
→ Haben Sie sich nicht auch schon die Frage gestellt?
→ Meinen Sie es strategisch oder prophylaktisch? (verwirrt die Geübtesten)

Wenn jemand versucht, Ihren eigenen Fragen mittels dieser dialektischen Methoden auszuweichen, sollten Sie Folgendes sagen: Ich kann Ihnen diese Frage später gerne beantworten, gehen Sie bitte jedoch erst auf meine Frage ein.

Üben Sie sich in der Fragekunst. Es lohnt sich. Die Fragetechnik, richtig eingesetzt, ist eine der einfachsten Möglichkeiten, schlagfertig zu sein.

Zum Schluss ein kleiner „dialektischer" Witz: *Ein Rabbiner und ein Jesuit treffen sich und unterhalten sich über die Bedeutung der Dialektik. Der Rabbiner fragt den Jesuiten: „Warum stellen denn die Jesuiten so viele Gegenfragen?" Der Jesuit antwortet: „Warum tun es die Rabbiner auch immer?" Prompt kontert der Rabbiner: „Warum denn nicht?"*

Mit dieser Endlosschleife von Gegenfragen wollen wir dieses Kapitel nun nicht enden lassen. Gleich geht's weiter!

4.3 Schlagfertigkeit

„Die größte Macht hat das richtige Wort zur richtigen Zeit."– Mark Twain

Heutzutage sind immer mehr Menschen im Berufsleben mit Angriffen und spitzzüngigen Bemerkungen konfrontiert. Gerade in solchen Situationen kommt es darauf an, das Gegenüber nicht allzu lange auf eine passende Antwort warten zu lassen. Der amerikanische Schriftsteller Mark Twain sagte sehr treffend: Schlagfertigkeit ist „etwas, worauf du erst 24 Sunden später kommst." Und der Journalist und Schriftsteller Rudolf Presber stellte fest: „Auf Erden heißt die größte Pein: auf Kommando geistreich sein."

Wer das nicht tut oder kann, kommt schnell in den Verdacht, nicht schlagfertig zu sein. Dies mag ein Grund dafür sein, dass in der letzten Zeit die Ratgeber zum Thema Schlagfertigkeit wie Pilze aus dem Boden schießen. Ein anderer Grund ist sicherlich die historisch bedingte kulturelle Kluft zwischen den Deutschen und dem Witz, dem Esprit. Schlagfertigkeit hat in Deutschland weniger Tradition als in Österreich, Frankreich oder England. Die scharfzüngigen deutschsprachigen Autoren waren eher Österreicher (Johann N. Nestroy, Karl Kraus, Thomas Bernhard etc.) oder Autoren, die sich intensiv mit anderen Kulturen auseinander gesetzt haben (man denke nur an Ludwig Börne, Heinrich Heine, Heinrich Mann).

Standardtechniken der Schlagfertigkeit

Vielleicht ist daher in unserem zusammenwachsenden Europa dieses Nachholbedürfnis der Deutschen in Punkto Schlagfertigkeit auf ein historisches Manko zurückzuführen. Viele Standardtechniken der Schlagfertigkeit sind keineswegs neu. Die meisten Techniken stammen aus der Dialektik und Sophistik und waren bereits in der Antike bekannt. Neuere stammen aus der Therapie (Freudsche Psychoanalyse, nondirektive Gesprächstherapie von Carl Rogers). Viele Methoden sind so alt wie die Menschheit, und keiner würde in Frankreich zum Beispiel auf die Idee kommen, diese Methoden für sich in Anspruch zu nehmen.

Umso erstaunlicher erscheint mir daher der Versuch von Schlagfertigkeitsautoren, diese Methoden als ihr geistiges Eigentum zu bezeichnen. Viele dieser Ratgeber sind pfiffig geschrieben. Fast alle angeblich so bahnbrechenden Schlagfertigkeitsmethoden sind jedoch alter Wein in neuen Schläuchen.

Patentrezepte nutzen wenig

In meinen Workshops und Privatissima werde ich immer öfter mit der Erwartung von Teilnehmern konfrontiert, im Schnellverfahren Patentrezepte zu erlernen. Sicherlich gibt es diese Methoden und sie können in mancher Situation recht nützlich sein. Allerdings habe ich nach unzähligen Rhetorik- und Dialektikseminaren erkannt, dass der Grund für mangelnde Schlagfertigkeit oft darin liegt, dass die Menschen sich in ungewohnten Situationen zutiefst unsicher fühlen. Die Sicherheit schwindet in dem Maße, wie wir unser gewohntes Revier verlassen. Nachdenklich stimmt mich auch immer wieder der Wunsch von Teilnehmern, Methoden vermittelt zu bekommen, wie man andere Menschen „mundtot macht", „niederbügelt", „plattmacht", „an die Wand drückt". Es sind Live-Zitate aus der Erwartungsabfrage am Anfang der Seminare. Seltener wird dagegen von Teilnehmern der Wunsch geäußert, in kritischen Situationen mehr Souveränität auszustrahlen. Dies erscheint mir jedoch viel wichtiger als das Eintrichtern von Standardtechniken in einem Quickie-Seminar.

Schlagfertig durch Souveränität

Souveränität ist die Haltung von Menschen, die ihre Überzeugungs- und Wirkungsmittel voll im Griff haben. Sobald sie auftreten, ändert sich etwas im Raum. Diese Menschen flößen den anderen Respekt ein und werden erfahrungsgemäß viel weniger angegriffen als andere. Diese souveräne Haltung als erstes Lehrziel zu haben, sollte meines Erachtens die vornehmste Aufgabe jedes seriösen Rhetoriktrainers sein, bevor er seinen Teilnehmern Schlagfertigkeit beibringt. Strohfeuerwirkung und Effekthascherei in Großgruppen an einem Tag beherrschen leider den Seminarmarkt. Deshalb führe ich ein Plädoyer für einen verantwortungsbewussten Umgang mit Schlagfertigkeit.

> „In der Ehe sind schlagfertige Antworten eine todsichere Rettung –
> vor allem dann, wenn man darauf verzichtet." – *Sonja Ziemann*

Was für die Ehe gilt, trifft mit Sicherheit auch auf das Berufsleben zu. Hervorzuheben ist in diesem Zusammenhang, dass Schlagfertigkeit in vielen Fällen auch ein Gefahren- und Konfliktpotenzial in sich birgt. Durch den Einsatz von Schlagfertigkeitstechniken werden oft die Konflikte zwischen den Gesprächspartnern hochgeschaukelt. Daher empfiehlt es sich in vielen Fällen, partnerorientierte Gesprächsmuster zu benutzen, wenn man daran interessiert ist, langfristig mit Gesprächspartnern zu kommunizieren. Konflikte entstehen nämlich hauptsächlich dadurch, dass wir es verlernt haben, einander zuzuhören. In den seltensten Fällen (ca. 10 %) liegt die Ursache für Konflikte in Meinungsverschiedenheiten, sondern in einem Defizit an Zuhörbereitschaft und Einfühlungsvermögen.

Konflikte verschärfen sich

Im Privatleben oder im Geschäftsleben neigen viele dazu, diese Krisensignale zu ignorieren oder mit verbaler Aggression abzuqualifizieren. Durch spitzzüngige Bemerkungen verschärfen sich die Konflikte nur noch. Es sei bemerkt, dass neun von zehn Führungskräften sich bei Konflikten überfordert fühlen und in Panik geraten und danach Ausflucht in verbale Florettstiche nehmen, um sich mit dem Konflikt nicht auseinander zu setzen.

> „Jeder dumme Junge kann einen Käfer zertreten. Aber alle Professoren
> der Welt können keinen herstellen." – Arthur Schopenauer

Der Sieg ist längst nicht alles

Schlag-fertigkeit hat oft den Sieg als Ziel. Sicherlich hilft Ihnen eine schlagfertige Antwort, in der Kommunikation einen Sieg über den anderen davonzutragen. Es ist allerdings manchmal sinnvoller, eine Schlacht zu verlieren und den Krieg zu gewinnen. Oder wie Joseph Joubert, französischer Moralist und Epigrammatiker, sagte: „Zweck des Disputs oder der Diskussion soll nicht der Sieg, sondern der Gewinn sein."

Durch geschicktes Brillieren mit Schlagfertigkeitstechniken kann man im Gespräch mit Sicherheit seine „SM-Gelüste" befriedigen. Bedenken sollte man allerdings auch, dass durch allzu giftige schlagfertige Antworten sich die Gesprächsatmosphäre auch dauerhaft verschlechtern kann. Es ist ein Markenzeichen von Schlagfertigkeitstrainern, wenn sie bei der Vermittlung der perfiden Techniken eine Kosten-Nutzen-Abwägung vornehmen.

Gelassenheit ausstrahlen

Viel wichtiger als ein breit gefächertes Repertoire von Techniken zu besitzen ist es, Gelassenheit auszustrahlen. Bevor im Training den Teilnehmern Techniken eingepaukt werden, ist es sinnvoll, ein Fundament zu schaffen, damit die Teilnehmer die Schlagfertigkeitsmethoden oder die Tricks und Kniffe aus der Dialektik souveräner und verantwortungsbewusst benutzen können.

Menschen fehlen manchmal zur rechten Zeit die rechten Worte. Doch Schlagfertigkeit lässt sich trainieren – in Kommunikationsseminaren ebenso wie im täglichen Umgang mit Mitarbeitern, Vorgesetzten und Kollegen. Allerdings bringt es wenig, sich im Schnellverfahren Patentrezepte oder Floskeln anzueignen. Greifen verunsicherte Menschen in ihrer Hilflosigkeit auf angelesene Floskeln und Phrasen zurück, so nimmt der Gesprächspartner sie ihnen nicht ab. Denn ein verlegener Mensch kann Schlagfertiges nicht schlagfertig rüberbringen, Ausstrahlung und Worte klaffen auseinander. Der Projektleiter kann inhaltlich noch so gut kontern, mit rotem Kopf und nervöser Stimme macht er sich lächerlich.

Souveränität ist deswegen das Fundament einer gelungenen Kommunikation. Souveräne Menschen werden seltener angegriffen werden. Ihre Sicherheit und Gelassenheit befähigt sie, Kommunikationswerkzeuge so einzusetzen, dass sie damit niemandem weh tun, kein Porzellan zerschlagen und kein sinnloses verbales Kräftemessen starten. Bevor sich jemand also mit rhetorischen und dialektischen Techniken und Kniffen auseinander setzt, sollte er an sich selbst und an seiner Wirkung arbeiten, und das braucht Zeit.

Spontaneität durch Vorbereitung – ein Widerspruch?

Ganz spontan planen Sie einen Wochenend-Trip nach London, ganz spontan entscheiden Sie sich heute Mittag für ein Thunfisch-Sandwich und ganz spontan lachen Sie der netten Verkäuferin hinter der Bäckertheke zu. Das alles läuft wirklich ohne Planung ab. Im Zusammenhang mit der Schlagfertigkeit jedoch hat Spontaneität viel mit Vorbereitung zu tun. Spontaneität lässt sich üben!

Spontaneität will gut überlegt sein!

Viele Menschen, die als besonders schlagfertig gelten, sind auch sehr gute Strategen. Bevor sie zu einer Verhandlung oder einer Besprechung fahren, bereiten sie sich gründlich vor. Folgende Möglichkeiten bieten sich an:

1. Es lohnt sich für Sie, sich im Vorfeld einer Verhandlung zu überlegen, mit welchen Einwänden oder Gegenargumenten Sie konfrontiert werden könnten. In der Regel weiß man vor einer Verhandlung, welche Einwände formuliert werden könnten. Umso erstaunlicher ist es, dass sich dann viele Menschen gar nicht überlegen, wie sie darauf reagieren sollen. Ist es Leichtsinn, geplanter Selbstmord oder eine Erfolgsverhinderungsstrategie? Bewährt hat sich das Einwand-Archiv. Schreiben Sie jeweils auf eine Karteikarte einen Einwand oder Angriff auf, von dem Sie glauben, dass er Ihnen an den Kopf geworfen werden könnte. Zu jedem Angriff denken Sie sich dann eine oder mehrere Repliken aus. Lernen Sie dann diese verbalen Konter auswendig. Einfacher ist es, diese Übung im Kollegenkreis zu praktizieren. In einem kurzen Zeitraum bekommen Sie nämlich eine ganze Menge an wertvollen Anregungen. Diese Methode wird auch von Top-Verhandlern und Politikern prophylaktisch angewendet.

2. Trainieren Sie den Ernstfall mit Kollegen, welche die Rolle der Gegenpartei spielen. Wer sich schon einmal in die Lage seines Gegenübers versetzt hat, ist eher in der Lage, dessen Einwände souverän zu parieren. Setzen Sie sich auf den „heißen Stuhl" und las-

sen Sie sich von Ihren Kollegen bombardieren. Es ist eine der besten Trainingsaufgaben.

3. Trainieren Sie Ihre verbale Spontaneität. Lassen Sie sich fünf bis zehn Karten geben, auf denen jeweils ein Begriff steht, z.B. „Spätgotik", „Verhandlungsgegenstand", „Schuldlawine", „Beerdigungsinstitut", „Hafenviertel", „Ausbildungsvergütung", und erzählen Sie eine zusammenhängende Geschichte auf der Basis dieser Stichworte. In Einzelcoachings kann die Übung mit bis zu 100 Karten und drei Schwierigkeitsstufen durchgeführt werden.

4. Lassen Sie sich ein Phantasiethema von einer Person Ihrer Wahl geben und tragen Sie dieses Thema voller Überzeugung vor. Im Berufsleben müssen Führungskräfte oft Projekte vertreten, denen sie nicht hundertprozentig zustimmen. Der Kunde oder Verhandlungspartner erwartet jedoch eine zweihundertprozentige Überzeugungskraft. In Privatissima oder Kleingruppen-Coachings durften schon einige Teilnehmer folgendes Thema vertreten: „Managementseminare sollen nur noch in Dominastudios stattfinden." Wer ein solches Thema vor einer Gruppe mit starkem Commitment vorträgt, kann auch in schwierigen Verhandlungen erfolgreicher argumentieren.

5. Übung macht den Meister! Ergreifen Sie das Wort, sooft Sie können. Üben Sie immer wieder! Je routinierter Sie werden, desto mehr können Sie sich auf die Feinheiten konzentrieren. Ihre Souveränität wird sich von Mal zu Mal steigern.

So brillieren Sie durch die Assoziationsmethode

Eine der Grundlagen der Schlagfertigkeit ist die spontane Assoziation. Wenn Ihnen jemand im Gespräch etwas sagt, haben Sie fast immer die Möglichkeit, Ihrer Phantasie freien Lauf zu lassen und auf dem Fundament der Aussage Ihres Gegenübers frei zu assoziieren. Mit dieser Methode machen die Schlagfertigkeitszöglinge die besten Erfahrungen. Eine beliebte Übung im Seminar ist folgende: Was assoziieren Sie spontan mit dem Begriff „Schlagfertigkeit?" – Es kann auch ein beliebiger abstrakter Begriff ausgewählt werden:
Spontaneität, Schnelligkeit
Charisma, Courage, Chuzpe
Heiterkeit, Hohlheit
Lockerheit, Lust
Argumentation, Arglist, Animosität
Gelassenheit, Gleichmut, Grässlichkeit
Frechheit, Fanatismus
Empathie, Erotik
Redegewandtheit

Tücke, Treffsicherheit
Initiative, Ignoranz
Gründlichkeit, Gleichgültigkeit
Kreativität, Kraft
Energie, Erniedrigung
Immoralismus, Idealismus
Tonalität, Trugschluss

Wenn Sie schlagfertig sein wollen, kommt es auf Schnelligkeit des Denkens an. Mit Kreativitätsmethoden lernen Sie Ihre Gehirnzellen zu aktivieren und erweitern automatisch Ihr Verhaltensrepertoire für schwierige Gesprächssituationen. Im Schweizer Wirtschaftsmagazin *BILANZ* (Januar 2001, S. 23) las ich zwei schlagfertige Aussagen, die dieses Assoziationsmuster belegen:

1. „Wer Mitarbeiter jahrelang nur mit Peanuts füttert, muss sich nicht wundern, wenn er von Affen umgeben ist." – Ingo Reichhardt, Kommunikationsleiter bei ABB Mannheim

2. „Ich bin ethnisch sehr schmutzig – und stolz darauf." – Peter Ustinov, Autor mit britischem Pass und deutschen, russischen und französischen Wurzeln

Zusätzlicher Tipp: Diese Methode ist auch besonders geeignet, um innerhalb von ein paar Minuten einen kleinen Vortrag zu einem abstrakten Thema zu halten, z.B. MANIPULATION. Notieren Sie Ihre spontanen Assoziationen. Sie werden erstaunt sein, wie schnell Sie Ihren Beitrag vorbereiten können.

Humorvoll kontern

Beim Erlernen der Schlagfertigkeit ist es wichtig, darauf zu achten, dass die menschliche Beziehung zu dem Gegenüber nicht belastet wird. Was nützt Ihnen nämlich die Schlagfertigkeit, wenn Sie sich dadurch Ihr Umfeld vergraulen und verbrannte Erde hinterlassen? Die humorvolle Schlagfertigkeit ist eine Kommunikationsform, die Ihnen erlaubt, in schwierigen Situationen eine gute Figur zu machen und kommunikativ zu brillieren. Sie entlocken Ihren Gesprächspartnern ein Lachen und lösen Konflikte, die sich eventuell anbahnen, humorvoll auf.

Wenn Sie in Gesprächssituationen humorvoll kontern, werden Sie einen positiven Eindruck hinterlassen. Sie wirken wie ein positiver Mensch, der in der Lage ist, die anderen durch seine optimistische Einstellung zu gewinnen. Daher ist es kein Wunder, dass schlagfertige Menschen sexy wirken und im Businessleben auch erfolgreicher sind. Wenn jemand auf eine liebevolle Art und Weise charmant und schlagfertig ist, sind andere Menschen doch gerne in seiner Umgebung.

„Weich" oder „hart" kontern

In Gesprächssituationen haben Sie immer die Wahl, weich oder hart zu kontern. Wichtig ist für Sie, dass Sie mit den Konsequenzen leben können. Hier zwei Beispiele von weichen Kontern:

1. Die Referenzmethode

Ein Kunde sagt Ihnen: „So wird das nicht klappen." Konter: *„Das glaubten auch zwei unserer Kunden. Jetzt sind sie mit dieser Lösung äußerst zufrieden."*

2. Die Methode der bedingten Zustimmung

Ein Mitarbeiter sagt Ihnen: „Ich hätte diesen Bericht ganz anders geschrieben." Statt beleidigt zu reagieren, können Sie eher Ihrem Gegenüber Recht geben, bevor Sie seine Aussage geschickt korrigieren: *„Ich gebe Ihnen insgesamt Recht, ich setze nur einen anderen Akzent ..."*

Andererseits haben Sie auch immer die Möglichkeit, hart zu kontern. Mit harten Kontern schießen Sie allerdings oft mit Kriegsgeschoss auf Spatzen. Hier zwei Beispiele von harten Kontern:

3. Die Methode „Unzustellbar/Falsche Adresse"

Jemand sagt Ihnen: „Sie können nicht systematisch arbeiten." Statt den Angriff auf sich zu beziehen, kontern Sie: *„Sagte immer Ihr alter Lehrer zu Ihnen."*

4. Die Kompetenz-Taktik

Jemand sagt Ihnen: „Sie sind nicht auf dem Laufenden." Konter: *„Wenn Sie die letzte Entwicklung verfolgt hätten, wüssten Sie, dass ..."* Oder: *„Wissen Sie als Spezialist nicht, dass ..?"* (Falls ein Nein als Antwort kommt, dann sagen Sie: *„Das sollten Sie aber!"*)

Überlegen Sie jedes Mal, ob es sich lohnt, schlagfertig zu kontern und dabei zertretenes Porzellan zu hinterlassen. Ist die Beziehungsebene ruiniert, dann lebt es sich ganz ungeniert, allerdings auch einsam! Eine faire Art der Schlagfertigkeit jedoch baut oft erst eine Brücke zu anderen Menschen, taut manchmal das Eis und lässt Ihre Gesprächspartner vielleicht schmunzeln. In der Kommunikation mit anderen Menschen können Sie Ihre Gesprächspartner durch schlagfertige Antworten genauso überraschen wie auch begeistern.

4.4 Eine Geschichte zum Thema Schlagfertigkeit

Waren Sie schon einmal in den USA, in Iowa? Die Menschen dort sind mit einer besonderen Art von Humor gesegnet. Ein Freund hat mir die Geschichte von dem Farmer aus Iowa erzählt, der gerade dabei war, seinen Zaun zu reparieren, als ein großer Range-Rover mit texanischem Kennzeichen vor seiner Nase hielt. Der Fahrer kurbelte die Scheibe herunter und fragte: „Na, wie geht's, Sportsfreund? Sagen Sie, gehört Ihnen das Land hier?" – „Klar", antwortete der Farmer stolz, „mir gehört alles hier: von dem großen Baum da drüben bis zu den Felsen dort hinten. Sechzig Hektar bestes Land." – „Ja, da haben Sie schon ein ganz ordentliches Stückchen. Sie müssen wissen: Ich habe nämlich auch eins." Wie die Texaner so sind, konnte er es natürlich nicht lassen, ein bisschen zu prahlen: „Aber meins ist ein klein wenig größer." Darauf fragte der andere Farmer – wie es sich gehört: „Oh, wirklich? Wie groß ist es denn?" Der Texaner antwortete: „Also, wenn ich noch vor Sonnenaufgang in meinen Wagen steige und wie der Teufel fahre, dann kann ich verdammt froh sein, wenn ich bis Sonnenuntergang die Hälfte geschafft habe." Der Farmer aus Iowa kratzte sein Kinn, besah sich das Auto und meinte dann: „Ja, ja, so einen Wagen habe ich auch mal gehabt." (*Quelle unbekannt*)

4.5 10 + 1 Tipp, wie Sie faire Dialektik einsetzen

Wie im Sport so gibt es auch in der Dialektik Regeln. Diese haben den einfachen Zweck, für ein faires Miteinander zu sorgen. Je nach Anlass, Gespräch, Diskussion, Debatte oder Meinungsrede sollten Sie diese Regeln beachten.

Diese Regeln bringen mit Sicherheit ein besseres Präsentieren des eigenen Standpunktes sowie der Kompetenz zum Thema mit sich. Wer diese fairen Regeln im fairen Gespräch oder einer Diskussion beherrscht, wird in der Regel seine Argumente nicht unter Preis verkaufen und die Vorteile technischer Dominanz nutzen können.

Charisma oder persönliche Dominanz wird mit diesen Regeln jedoch kaum erreicht. Persönliche Wirkung werden Sie durch Persönlichkeitsbildung erreichen. Die Persönlichkeitsentwicklung ist das wichtigste Fundament der Dialektik.

10 + 1 Tipp, wie Sie faire Dialektik einsetzen
(in kreativer Anlehnung an Prof. Dr. Rupert Lay, SJ)

1. Bereiten Sie sich besser vor als Ihre Partner.
Machen Sie sich ein Bild Ihres Gesprächspartners. Informieren Sie sich per Internet, über Tageszeitungen oder Prospektmaterial. Wenn Sie Ihr Gegenüber besser kennen als er Sie, dann haben Sie schon einen wichtigen Vorsprung. Sie wissen besser als er, welche Schwachstellen er oder sein Unternehmen hat, welche Wünsche und Ziele für ihn von Bedeutung sind und welche Asse er im Ärmel hat. So können Sie sich schon Ihre Asse zurechtlegen. Im Falle einer Diskussion bereiten Sie Definitionen zu den wesentlichen Begriffen vor.

2. Schaffen Sie eine positive Atmosphäre.
Schaffen Sie ein positives Umfeld. Lassen Sie Ihren Gesprächspartner wissen, dass Sie beide gemeinsame Interessen, Ansichten und Teilergebnisse verfolgen. Legen Sie sich nicht zu früh auf ein bestimmtes Bild Ihres Partners fest und halten Sie sich vor allem zurück, sich inhaltlich festzulegen.

3. Fragen Sie.
Wer fragt, der führt.
Dialektik spielt nicht im Gegenüber von Behauptungen und Meinungen, sondern im Spiel von Frage und Antwort.

Durch Feststellungen legen Sie sich fest, durch Fragen steuern Sie das Gespräch und kommen weiter.

Dialektik ist wie ein Pingpong-Spiel. Spielen Sie Ihrem Partner den Ball in Form von geschickten Fragen zu. Dabei liegt es in Ihrer Hand, wie Sie ihm den Ball zuspielen. So wie Sie ihn zuspielen, werden Sie ihn zurückbekommen oder nicht. Überlegen Sie sich genau, was Sie wissen müssen und was Ihr Gesprächspartner aus seinem eigenen Mund hören muss!

4. Demonstrieren Sie.

Erinnern Sie sich an Ihre Schulzeit: Der Lehrer veranschaulichte anhand eines Beispiels einen neuen Themenkomplex. Der Einstieg in das Thema fiel Ihnen wesentlich leichter, nicht wahr? Und noch beeindruckender war es, wenn der Lehrer mit einem Schaubild, einem kurzen Film oder einem Versuch einen Ihrer Glaubenssätze widerlegte. Doch Vorsicht: Gehen Sie wohldosiert mit Vergleichen oder eigenen Beispielen um, das wird schnell langweilig! Haben Sie mehrere Beispiele zur Hand, wählen Sie das treffendste.

Gehäufte Gegenbeispiele zu einer vorgebrachten Meinung wiederum sind oft sehr wirkungsvoll.

5. Nennen Sie die besten Argumente nicht zu früh.

Behalten Sie einige Argumente im Köcher!

Jedes Gespräch sollte dramaturgisch aufgebaut sein. Dazu gehört es, eine gewisse Spannung aufzubauen. Heben Sie sich Ihre Joker dazu auf. Sollten Sie sie nicht unbedingt vorher brauchen, kommen diese wichtigsten Argumente am Ende des Gesprächs zum Einsatz.

6. Sprechen Sie zum richtigen Zeitpunkt.

Ein Geburtstags-Geschenk, das seinen Empfänger zu früh oder zu spät erreicht, ist nur noch einen Bruchteil so viel wert, als wenn es genau zum richtigen Zeitpunkt angekommen wäre. Genauso ist es mit Statements. Ein Statement zu früh oder zu spät abgegeben, bleibt oft wirkungslos. Warten Sie mit Ihren besten Argumenten, bis Sie sie wirklich treffend einsetzen können. Nur im äußersten Notfall greifen Sie vor oder beziehen sich noch einmal auf schon Besprochenes. Rückgriffe auf früher Gesagtes sind meist langweilig und ärgern Ihre Gesprächspartner.

7. Führen Sie partnerorientierte Gespräche.

Wen wollen Sie ansprechen? Natürlich Ihren Gesprächspartner. Dann sprechen Sie ihn auch an, und zwar mit seinem Namen und direkt mit „SIE". Lassen Sie sich und das Wörtchen „ICH" im Hintergrund. Ihr Gesprächspartner wird dann schnell der Meinung sein, dass beide auf einer Wellenlänge sind und seine Meinung auch Ihre ist!

Günstig ist es auch, wenn Sie mögliche Einwände vorwegnehmen. Das ist immer ein kluger Zug.

8. Sprechen Sie Ihre Partner emotional an.

Viele Menschen sind stärker emotional orientiert, als es ihnen bewusst ist. Verhalten Sie sich deshalb natürlich, zeigen Sie Gefühl und reagieren Sie spontan und voller Offenheit.

Wirken Sie in Ihrem Beitrag zu strategisch, wird es sich eher negativ auswirken. Benutzen Sie nach Möglichkeit, jedoch in Grenzen emotionsbesetzte Wörter.

9. Vermeiden Sie unnötige Spannungen.

Je harmonischer ein Gespräch verläuft, umso eher lässt sich ein Gesprächspartner überzeugen. Überlegen Sie sich deshalb: Will ich Recht haben oder will ich erfolgreich sein? Durch Überlegenheitsdemonstrationen bauen Sie meistens nur Spannungen auf.

Und wenn Ihr Gegenüber wirklich total daneben liegt und es zu Ihrer Kompetenz gehört, korrigieren Sie seinen Irrtum, nicht um jeden Preis, sondern nur wenn es unbedingt nötig ist. Zeigen Sie ihm jedoch, dass Sie seinen Standpunkt verstehen und ernst nehmen.

10. Versuchen Sie, aus Defensivsituationen auszubrechen.

Werden Sie angegriffen und erleben sozusagen das Donnerwetter aus heiterem Himmel, ist es unmöglich, irgendjemanden von irgendwas zu überzeugen.

Es ist schwer, wenn nicht unmöglich, aus der Defensive zu überzeugen. Der Angriff ist hier die beste Verteidigung und die Fragen sind dazu die besten Waffen.

Werden Sie jedoch nie als Erster unfair!

Zusätzlicher Tipp: Wenn Sie nichts zu sagen haben, schweigen Sie.

Lesetipp:

Wenn Sie mehr über dieses spannende Thema erfahren wollen, empfehlen wir Ihnen folgendes Taschenbuch:

Lay, Rupert: Dialektik für Manager. Methoden des erfolgreichen Angriffs und der Abwehr. Econ-Taschenbuch, München 2001

Die drei wichtigsten Punkte für mich:

1.

2.

3.

Mein Umsetzungsplan:

Folgende Ideen werde ich umsetzen:

Noch heute:

_____

_____

_____

Morgen:

_____

_____

_____

In der nächsten Woche:

_____

_____

_____

4.6 Inspiration: Von der Dialektik zu Spitzengesprächen

„Von einer gewissen Position in Wirtschaft und Gesellschaft an ist die Persönlich-keitsbildung die wichtigste Vorbereitung für gekonnte Dialektik.", so Rupert Lay, dt. Theologe, Jesuit, Philosoph, Rhetorik- und Hochschullehrer.

Und er hat Recht. Bei allem, was man sich aneignen kann an Regeln und Techniken, spielt doch eines noch immer die entscheidende Rolle, ob aus Dialektik gekonnte Di-alektik und ob aus Gesprächen Spitzengespräche werden: die Persönlichkeit des Ein-zelnen.

5. Gesprächsführung – Spitzengespräche durch gekonnte Dialektik

Gespräche zu führen, da gehört mehr dazu, als nur die deutsche Sprache zu beherrschen. Um erfolgreiche Gespräche zu führen, um außergewöhnlich zu kommunizieren, ist eine neue Art des Umgangs miteinander gefragt. Sprache spielt hier eine ebenso große Rolle wie die Kenntnis dessen, was Sprache bewirken kann.

Erfolg haben im Leben immer Menschen, die gut kommunizieren können. Ob Sie nun im direkten Kundenkontakt stehen oder täglich mit Vorgesetzten, Kollegen oder Mitarbeitern sprechen. Beachten wir ein paar Regeln und gehen auf die Bedürfnisse des Gegenübers in dem Maße ein, wie wir unsere eigenen Vorstellungen haben, gelingen Spitzengespräche. Frei nach Johann Wolfgang von Goethe, der sagte: „Behandle die Menschen so, als wären sie, was sie sein sollten, und du hilfst ihnen zu werden, was sie sein können", formuliere ich: „Spreche mit den Menschen so, als wären sie, was sie sein sollten, und du hilfst ihnen zu werden, was sie sein können."

Gesprächsführung

Führung hat etwas mit Menschen zu tun und Gespräche finden ebenfalls zwischen Menschen statt. Gesprächsführung beherrscht nur der, der Menschenführung beherrscht und umgekehrt. Der amerikanische Unternehmensberater und Mitautor des Bestsellers *In Search of Excellence* (dt.: „Auf der Suche nach Spitzenleistungen"), Tom Peters, drückte es so aus: „Befehle bellen ist out. Neugier, Initiative und Phantasie sind in." Und dies gilt insbesondere für die Gesprächsführung in Führungsgesprächen. Es gibt in Amerika eine sehr schöne Unterscheidung zwischen dem alten Chef-Gebahren und dem, was wir heute unter Leadership verstehen. Der Unterschied, so sagen die Amerikaner, ist folgender: A boss says „Go!" – A leader says „Let's go!". Überlegen Sie also, was Sie sagen, um Spitzengespräche anzustreben und eine effektive Gesprächsführung zu erreichen. „Das meiste wird mit Worten bezahlt, und mittelst ihrer kann man Unmöglichkeit durchsetzen ... Allezeit habe man den Mund voll Zucker, um seine Worte damit zu versüßen, so dass sie selbst dem Feinde wohlschmecken. Um liebenswürdig zu sein, ist das Hauptmittel, friedfertig zu sein", so Baltasar Gracián y Morales (1601-58), spanischer Philosoph und Schriftsteller.

5.1 Die Psychologie der Gesprächsführung

Der Mensch als soziales Wesen steht ständig in Kontakt mit anderen Menschen. Von der ersten Minute unseres Erdendaseins bis zum Ende, vom Morgen eines jeden einzelnen Tages bis zum Abend kommunizieren wir ununterbrochen. Viele Dinge beeinflussen diese Gespräche. Nicht nur von außen auf uns Wirkendes, wie Geräusche oder Ablenkungen, sondern auch das, was sich in uns abspielt, und auch das, was das Gegenüber kommuniziert. Ja, wir beeinflussen uns in einem enormen Maße gegenseitig, sobald ein Gespräch zustande kommt. Selbst wenn der Abteilungsleiter zu Ihnen kommt und Ihnen eine klare Aufgabe stellt, beeinflussen Sie ihn, indem Sie Stellung dazu nehmen. „Klar, erledige ich sofort!", oder: „Ich habe momentan noch so viele aktuelle Projekte zu koordinieren, dass ich wohl erst Anfang nächster Woche dazu kommen werde" bis zu: „Das ist unmöglich, warum bekomme ich eigentlich immer diese Aufgaben, wo ich doch sowieso nicht weiß, was ich zuerst machen soll." – Ihr Vorgesetzter wird von Ihrer Antwort beeinflusst, genauso wie Sie von seiner Aufforderung beeinflusst werden. Die Psychologie der Gesprächsführung ist eine umfassende Angelegenheit. Auf den folgenden Seiten werden wir diese einmal etwas näher beleuchten.

„Königsweg zum Mitmenschen"

E. Crisand bezeichnet in seinem Buch „Psychologie der Gesprächsführung" das Gespräch als „Königsweg zum Mitmenschen". Wie Recht er doch hat. Denn wenn Sie Ihr Gegenüber nicht durch ein Gespräch erreichen, wie dann? Stellen Sie sich auch manchmal die Frage, warum Sie in Gesprächen scheitern? Warum Sie nicht die Ziele erreichen, die Sie sich für ein Gespräch gesetzt haben? Warum die anderen nie das tun, was Sie von ihnen erwarten? Crisand erklärt dies so: „Das Gespräch ist der Weg, auf dem Sie zu Ihrem Gesprächspartner kommen, es ist das Vehikel, auf dem Sie ihn erreichen – und umgekehrt. Wenn der Vorgesetzte im Gespräch die psychologischen Grundlagen der Gesprächsführung nicht beherrscht (oder intuitiv anwendet), wird er trotz guten Willens im Gespräch immer wieder scheitern und dann verwundert fragen: »Wie war das nur möglich?«"

Gesprächsarten

Gespräche gibt es viele im menschlichen Zusammenleben. Ob beruflich oder privat, die Anlässe für Gespräche sind vielfältig. Ob Sie nun mit Ihrem Lebenspartner die nächste Urlaubsreise durchsprechen, mit einem Kunden ein Verkaufsgespräch führen, als Mitarbeiter zum Vorgesetzten zum Beurteilungsgespräch gebeten werden oder ein Glückwunschgespräch führen, laut Crisand gibt es drei grundsätzliche Gesprächsarten:

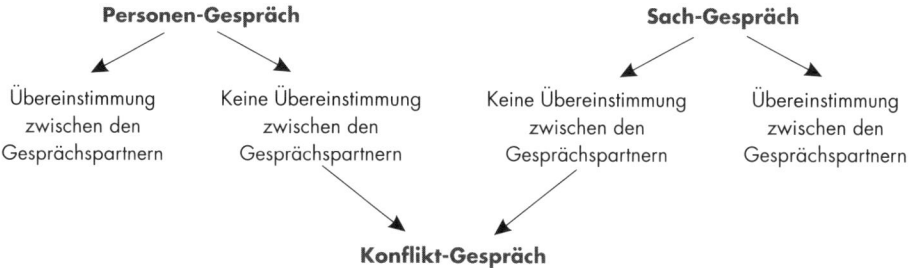

Menschen sind unberechenbar

Wo Menschen zusammenkommen „menschelt" es. Dies gilt einmal mehr in Gesprächssituationen. Selten, dass von Anfang an einmal der Verlauf und das Ergebnis eines Gespräches feststehen. Dazu sind Menschen zu unberechenbar. Und schließlich entscheidet auch die jeweilige Tagesform darüber, wie ein Gesprächspartner auf eine ganz bestimmte Situation oder Aussage reagiert. Heute, aufgrund einer guten Nachricht von zu Hause gut gelaunt, wird die Führungskraft bei einem Kritikgespräch vielleicht nachsichtiger handeln. Hat der Mitarbeiter vielleicht gerade Stress mit seiner Freundin und hohe Schulden treiben ihn zum Äußersten, kann es sein, dass nur noch dieses eine Kritikgespräch dazu führt, dass er „ausrastet". Genauso kann ein Gespräch, an dem eigentlich beide Parteien ein großes Interesse haben, zu einem Konfliktgespräch werden. Auch wenn bereits viele Punkte geklärt und abgehandelt sind, kann doch bei einer ganz bestimmten Stelle ein (Reiz-)Wort das andere ergeben und schon ist die schönste Unstimmigkeit da.

Am sinnvollsten prüfen Sie einmal eine Reihe von persönlichen Gesprächen und überlegen, aus der Erinnerung heraus, bei welchen Situationen Sie oder gleiche Gesprächspartner auf Konflikte zusteuern. Sind es vielleicht immer wiederkehrende Reizworte, die Sie reizen, oder Angriffe Ihrerseits, von denen Sie vielleicht sogar wissen, dass Sie Ihren Gesprächspartner „auf die Palme bringen können"? Machen Sie sich einfach klar, dass Kommunikation ein Verständigungsmittel ist und dass nur Menschen die Chance haben, mittels Sprache und dem sinnvollen Umgang mit dieser einander mitzuteilen. Nutzen wir doch die Chance, die uns die Natur dadurch mitgegeben hat, zum guten Für- und Miteinander.

Die sieben wichtigsten Gesprächsfaktoren

Nachdem wir nun wissen, welche Arten von Gesprächen es gibt und wie schnell diese wechseln können, betrachten wir frei nach Crisand die wichtigsten sieben Gesprächsfaktoren, die ich zum Teil jedoch anders bezeichne:

1. Der Gesprächsführer

2. Der Gesprächspartner

Wichtig bei den beiden Gesprächspartnern kann die Rolle sein, z.B.: Wird der Vorgesetzte als solcher akzeptiert? Welche Persönlichkeitsstruktur hat der Mitarbeiter? Ebenso entscheidend können der Status, die Ausstrahlung, die Einstellung und Verhaltensweisen, die augenblickliche Stimmung der beiden Gesprächspartner sein.

3. Beziehung zwischen den Gesprächspartnern

Die Beziehung zwischen den Gesprächspartnern hat einen enormen Einfluss auf das Gespräch. Achten oder verachten sich die beiden? Stehen Sie einander neutral gegenüber? Was in der Realität selten vorkommt, weil man vor einem Gespräch meist schon durch Dritte vom anderen (entweder positiv oder negativ) gehört hat und diese Botschaften nicht auslöschen kann. Unabhängig davon, wie man die Person dann nach dem ersten persönlichen Kontakt beurteilt.

4. Gesprächssituation

In welcher Situation findet das Gespräch statt? Entscheidend ist als Gesprächsfaktor z.B., ob es bereits im Vorfeld als Kritik- oder Belobigungsgespräch definiert wurde.

5. Äußere Umstände (Raum, Zeitpunkt)

Die äußeren Umstände sind oftmals wichtige Faktoren. Oder wie würden Sie sich fühlen, wenn ein Vorgesetzter ein wichtiges Gespräch, um das Sie gebeten hatten, „zwischen Tür und Angel" abhandelt. Der Raum spielt also eine entscheidende Rolle. Besser ist es da doch, wenn es eine entsprechend ruhige „Ecke" oder gar das Chefbüro gibt, in dem Sie Ihre Sorgen loswerden können. Es ist ja schließlich nicht im Sinne des Erfinders, wenn ein Kritikgespräch von allen vorübergehenden Mitarbeitern mitgehört werden kann. Entscheidend ist auch der Faktor Zeit, und zwar sowohl qualitativ (ist der Zeitpunkt richtig gewählt oder hat der Gesprächspartner gerade andere Probleme?) als auch quantitativ (wie viel Zeit steht für das Gespräch zur Verfügung?).

6. Gruppenzugehörigkeit

Das Gespräch wird erheblich durch Gruppenzugehörigkeiten geprägt. So wird ein Gespräch beeinflusst, wenn z.B. eine Frau mit einem Mann spricht oder wenn dazu auch noch ein großer Altersunterschied, z.B. zwischen einem 60-jährigen Vorgesetzten und einer 22-jährigen Auszubildenden, besteht. Soziale Rollen (erfahrene Kollegen) und der Status (laut Unternehmenshierarchie) spielen bei Gesprächen eine Rolle, jedoch auch Stereotype, sprich z.B. Vorurteile gegenüber Gastarbeitern oder Blondinen.

7. Historie (allgemeine & persönliche Erfahrungen)

Nichts prägt unser Leben mehr als Erfahrungen. Welche Gefühle verbinden wir mit einem bestimmten Begriff und wie reagieren wir dementsprechend, wenn dieser Begriff im Gespräch fällt? Neben diesen allgemeinen Erfahrungen und Prägungen im Leben kommt noch die persönliche Erfahrung mit dem Gesprächspartner hinzu. Wie habe ich diesen in der Vergangenheit kennen gelernt, wie sind beide miteinander umgegangen?

Nur wenn wir diese Gesprächsfaktoren kennen, gelingt es uns, bewusst mit ihnen umzugehen und jedes Gespräch bestmöglich zu kontrollieren. Spitzengespräche sind nur dann möglich, wenn wir *agieren* und nicht nur ständig damit beschäftigt sind, zu reagieren, Angriffe abzuwehren und einen vermeintlichen Gegner zu besiegen. Wenn beide Parteien fair miteinander umgehen, wissend um die verschiedenen Einflussfaktoren, kann aus jedem Gespräch ein Lerneffekt werden – inhaltlich wie methodisch.

Das Gespräch steuern

Aufgabe einer Führungskraft in der täglichen Kommunikation ist es in jedem Fall, das Gespräch zu steuern, sprich in die Richtung zu lenken, in die er gerne weitergehen möchte. Hat eine Führungskraft z.B. eine Idee, muss sie dafür sorgen, dass die Mitarbeiter hinter dieser Idee stehen oder diese sogar als ihre eigene sehen. Die Realisierung dieser Idee sollte für die Mitarbeiter in irgendeiner Form von Interesse sein. Ähnlich ist es auch bei Präsentationen, Vorträgen oder Reden: Nur wenn der Referent das Interesse des Zuhörers wecken und diesen „bei der Stange" halten kann, hat er auch eine Chance, ihm den Inhalt, also die Idee zu vermitteln und ihn letztlich davon zu überzeugen, dass dies auch für ihn lohnend ist.

Gespräche lassen sich mit unterschiedlichen Methoden steuern, so z.B. durch Wiederholung der entscheidenden Parts und regelmäßiges Zusammenfassen der Inhalte. Mit Sätzen wie: „Sicher stimmen Sie mir bis hierher in den drei wichtigsten Punkten, 1. ..., 2. ... 3. ..., zu" stellen Sie sicher, dass Sie und Ihr(e) Zuhörer auf dem gleichen Informationslevel sind. Ähnlich liegen Sie, wenn Sie einzelne, wichtige Faktoren nochmals konkretisieren.

Ein weiteres Instrument, um Gespräche effektiv zu steuern, stellt das bildhafte Sprechen, das so genannte Visualisieren dar. Stellen Sie sich bitte ein Verkaufsgespräch mit einem Kunden vor, dem Sie unbedingt ein für ihn entscheidendes Produkt, z.B. eine moderne Produktionsanlage, verkaufen wollen. Erzählen Sie Ihrem Kunden doch einfach mal eine bildhafte Geschichte, in der er in wenigen Monaten am Morgen die Produktionshalle betrit und voller Stolz auf die neue Produktionsanlage blickt. Diese ist bereits seit einigen Wochen in Betrieb und seine Mitarbeiter schwärmen nur so von der problemlosen Steuerung und der vehement gesteigerten Auswurfmenge. Kunden-aufträge können schneller und ohne kostspielige Lagerhaltung erfüllt werden. Da-durch gab es von Kundenseite bereits Weiterempfehlungen, so dass dieser Produk-tionsbereich nahezu ohne äußeres Zutun immer ausgelastet ist.

Exkurs zum Sitzplan: „Auge um Auge …"

„Auge um Auge …", wir wissen alle, wie dieser Spruch weitergeht. Egal welches Ge-spräch ansteht, überlegen Sie vorher genau, wie Sie zu Ihrem Gesprächspartner sitzen werden. Gegenüber, über Eck oder nebeneinander? Was bietet sich an? Was ist die bessere Alternative?

Gegenüber:

Durch diese Sitzposition – durchaus nicht unüblich im Geschäftsleben – schaffen Sie zunächst einmal Distanz. Der Tisch steht wörtlich „zwischen Ihnen". Sie sehen sich Auge in Auge – genauso mustern sich auch Gegner in einem in Kürze beginnenden Boxkampf. Das alles soll natürlich nicht bedeuten, dass Sie sich nie wieder so hinset-zen dürfen und dass jeder, der sich zukünftig Ihnen gegenüber niederlässt, gleich auf einen Kampf aus ist. Sie müssen nur wissen, was sich im Unterbewusstsein abspielen kann. Manchmal ist diese Sitzposition ja sogar gezielt gewählt. Dann z.B., wenn ein Kritikgespräch mit einem Mitarbeiter ansteht, der so gar nicht auf die Anforderungen der Führungskraft eingehen will. Dann sagt diese Sitzposition auch aus, dass man eben nicht auf *einer* Seite sitzt, nicht an *einem* Strang zieht … Erinnern Sie sich an „Tatort", dort und in allen anderen Krimis sitzen Täter im Verhör immer auf der ei-nen Seite des Tisches und der Polizist als Autorität auf der anderen. Wenn jetzt noch ein grelles Licht und ein entsprechend schärferer Umgangston hinzukommen, haben Sie die schönste Verhörsituation.

Über Eck:

Sicherlich eine der häufigsten Sitzpositionen bei Gesprächen mit Kunden, Mitarbeitern und bei Verhandlungen. Hier kann man sich noch direkt in die Augen sehen, sich einander zuwenden und Dinge werden offen miteinander besprochen. Dabei hat man jedoch immer noch die Sicherheit, dem anderen nicht zu nahe zu kommen, sein eigenes Revier – sprich die Tischkante – zu besitzen und so unabhängig vorgehen zu können. Allerdings wird durch die Tischecke auch der Energiefluss immer etwas gestört und die gemeinsam aufgebaute Energie geht zum Teil schon wieder verloren.

Nebeneinander:

Hier sitzt man wirklich Seite an Seite, blickt in die gleiche Richtung und geht in einer Sache gemeinsam voran. Natürlich ist man in dieser Position auch sehr verletzlich. Man zeigt dem Gesprächspartner die verletzliche Seite, kann sich, wenn es einem selbst aber einmal nicht so gut geht, unterhaken und die Kraft des Partners nutzen. Die Energie fließt, weil keine Ecke oder sogar der ganze Tisch diese stören kann.

Überlegen Sie bei zukünftigen Gesprächen: Wo, wie und neben wem will ich gerne sitzen. Freund oder Feind? Wie platziere ich eventuell die Gesprächspartner so geschickt, dass sich Synergien ergeben, dass klare Abgrenzungen, wenn nötig, gesteckt werden und dass bestmögliche Ergebnisse bei dem Gespräch oder der Verhandlung herauskommen.

Gespräche am Telefon

Eine Gesprächssituation, in der nicht nur die Sitzordnung keine Rolle spielt, sondern die auch ganz eigene Regeln besitzt, ist das Gespräch am Telefon. Unabhängig um welches Thema es sich nun handelt, das am Telefon besprochen wird, sind hier entscheidende Gesprächsgrundlagen nicht gegeben. So haben Sie am Telefon nur die Macht der Stimme und die Ausdrucksfähigkeit der Sprache, um Ihrem Gegenüber

Ihre Ideen zu vermitteln. Kein Augenkontakt, keine Mimik oder Gestik sind sichtbar. Auch wenn bewiesen ist, dass ein Lächeln am Telefon genauso rüberkommt wie eine leidenschaftliche Gestik, die einfach die Stimme lebendiger macht.

Der wichtigste und zugleich simpelste Grundsatz für Gespräche am Telefon lautet: Hören Sie so intensiv und konzentriert zu wie bei einem persönlichen Treffen. Denn nur dann hören Sie das, was zwischen dem Gesagten oft nicht ausgesprochen wird. Da kommt z.B. bei einem Verkaufsgespräch ein einfaches Nein, nicht weil dem Gesprächspartner vielleicht das Produkt nicht gefällt, sondern weil er momentan an einer ganz anderen Sache arbeitet und völlig aus dem Konzept gerissen wurde. Entwickeln Sie am Telefon ein Gespür für den Menschen, der da am anderen Ende der Leitung ist. Wenn Sie diesen wirklich erreichen, dann können Sie alle Themen der Welt besprechen.

Überlegen Sie, wie es Ihnen geht, wenn Sie angerufen werden. Haben Sie jederzeit ein Ohr? Vielleicht waren Sie gerade gedanklich in einem schwierigen Konzept verstrickt? Oder Sie führen ein Gespräch mit einem Mitarbeiter? Überlegen Sie für sich grundsätzlich in diesem Augenblick bitte, was Priorität hat, und lassen Sie im Zweifelsfall das Telefon einfach einmal klingeln. Denn wenn Sie jetzt abnehmen, haben Sie Ihre planerische Phase oder das Gespräch vor Ort unterbrochen und auf den Anrufer können Sie sich erst recht nicht konzentrieren. Natürlich heißt das nicht, dass Sie von nun an den ganzen lieben langen Tag das Telefon einfach durchklingeln lassen. Schaffen Sie sich vielleicht Freiraum, indem Sie bei schwierigen Projekten das Telefon auf eine andere Nummer umleiten und in den Phasen, wenn Sie ans Telefon gehen, leichtere Basis-Arbeiten erledigen.

Das Telefon ist ein wichtiges Kommunikationsmittel – heute mehr denn je. Denn für persönliche Treffen fehlt oft die Zeit und per eMail bleibt der menschliche Kontakt ganz auf der Strecke. Das Telefon verbindet und schafft eben doch diese Art menschlicher Verbundenheit, indem man zumindest noch die Stimme des Gegenübers hört und direkt anstehende Dinge wirklich besprechen kann. Dabei gelten auch beim Telefon die zehn wichtigsten Tipps für eine effektive Gesprächsführung, die wir im nächsten Kapitel ausführlich beleuchten. Hier schon mal in Kurzform:
1. Mein Ziel
2. Die Vorstellung des anderen
3. Vorbereitung
4. Gesprächsatmosphäre
5. Argumentation
6. Zuhören
7. Eingehen auf den Partner
8. Fragen
9. Gemeinsamkeiten
10. Ergebnis

5.2 Selbstqualifikation und soziale Kompetenz

„Nur wenige Führungskräfte sehen ein, dass sie letztendlich nur eine einzige Person führen können und müssen: sich selbst." – Peter F. Drucker

Sicher gibt es Naturtalente, die die Kunst der positiven Gesprächsführung beherrschen, ohne dass sie lange darüber nachdenken. Diese Menschen sprechen mit anderen Menschen und treffen intuitiv immer oder zumindest meistens den richtigen Ton. Betrachten wir einmal, was diese Menschen verbindet, stellen wir sehr schnell fest, dass sie u.a. zu sich selbst und dem, was sie sagen, stehen. D.h., sie betrachten das Leben und damit auch jede Form der zwischenmenschlichen Kommunikation unter dem Gesichtspunkt: Jeder hat das Recht auf freie Meinungsäußerung – „Lass uns mal darüber reden." „Sicher werden wir uns einig." Und diese Toleranz wirkt sich in einem erheblichen Maße auf die Gesprächsbereitschaft und den Gesprächserfolg aus.

Nutzenbringende Gespräche pflegen

Menschen mit einer hohen sozialen Kompetenz beharren nicht automatisch auf der eigenen Meinung, sie sind auch bereit, eher einen Schritt auf den anderen zuzugehen. Sie haben fest in ihrem Unterbewusstsein verankert, dass der andere ja auch (nur) ein Mensch ist und aus seiner Sicht sicher auch denkt, dass er richtig denkt und handelt. Natürlich ist mit dieser Friede-Freude-Eierkuchen-Einstellung nicht jedes Gespräch automatisch ein Spitzengespräch, nach dem beide Seiten glücklich und zufrieden sind. Es wird immer wieder in Ihrem Leben kritische und schwierige Gesprächssituationen geben. Die Frage ist doch nur, ob wir nicht manchmal aus einem Gespräch ein Problemgespräch machen. Mit etwas Einsicht auf beiden Seiten lassen sich Gespräche doch effektiv und nutzenbietend für beide Seiten gestalten.

Eines ist entscheidend: Nutzen Sie jedes Gespräch, welcher Art auch immer, um an Ihrer Kommunikationsfähigkeit zu arbeiten. Sie haben immer wieder die Möglichkeit zu hinterfragen, aus welchen Gründen ein Gespräch nun der „pure Wahnsinn" und das andere „niederschmetternd" war. Stellen Sie sich z.B. nach einem erfolgreichen Gespräch einmal folgende Fragen:

➜ Wodurch habe ich meinen Gesprächspartner erreicht?
➜ An welcher Stelle des Gesprächs hatte ich das Gefühl, dass mein Gegenüber „ganz Ohr" ist?
➜ Wie war die emotionale Ebene des Gesprächs?
➜ Welche Fragen waren besonders hilfreich?
➜ Welche Argumente haben besondere Wirkung gezeigt?

➜ Wie war mein Widerspruch formuliert, dass eine offene Gesprächsbereitschaft aufrechterhalten werden konnte?

Oder wenn das Gespräch nicht zufriedenstellend war, sind Fragen nach der Information ganz wichtig:
➜ Habe ich meinen Gesprächspartner zu wenig informiert? Oder:
➜ Habe ich von meinem Gesprächspartner zu wenig Informationen bekommen? Und:
➜ Wie kann ich das beim nächsten Gespräch besser machen, z.B. indem ich andere Fragen stelle und auf die Einwände meines Gegenübers besser eingehe.

Der deutsche Wirtschafts-Psychologe und Professor am Institut für Organisations-Psychologie in München, Lutz von Rosenstiel, stellte ganz richtig fest: „Führung durch Personen ist im Wesentlichen Kommunikation. Wenn Kommunikation unterstützt wird durch elektronische Medien, dann ist das eine Hilfe. Wenn sie aber ersetzt wird durch elektronische Medien, dann liegt dort eine Gefahr, denn menschliche Kommunikation ist nicht nur Übermittlung von Sachaussagen, sondern sie transportiert zwischenmenschliche Bindung."

Praxis der kooperativen Selbstqualifikation im Gespräch

Lebenslanges Lernen steht nicht nur bei den Hard Facts, sprich dem Fachwissen, an oberster Stelle. Auch und besonders bei den Soft Skills, den so genannten weichen Schlüsselqualifikationen, wie Teamfähigkeit, Verantwortungsbewusstsein oder Kommunikationsfähigkeit, ist die Selbstqualifikation oberstes Gebot. Nur wer sich im Gespräch kooperativ weiterentwickelt, ist eine gute Führungskraft. Prof. Dr. Clemens Heidack, gefragter Berater, Coach, Professor für Betriebswirtschaft (Personal, Bildung und Medientechnik) an der FH Düsseldorf, erwarb mit dem erprobten Konzept der Kooperativen Selbstqualifikation (KSQ) hohe internationale Reputation. Nach Prof. Heidack kann in der Praxis der Kooperativen Selbstqualifikation im Gespräch mit folgenden Stufen gearbeitet werden:
➜ Lernen zu lernen (arbeitsmethodische Kompetenz)
➜ Lernen zu lehren (pädagogische Kompetenz)
➜ Helfen zu lernen (prosoziale Kompetenz)
➜ Lernen zu helfen (soziale Kompetenz)
➜ Lernen, sich helfen zu lassen (persönliche Kompetenz)
➜ Loslassen lernen (Coaching-Kompetenz)
➜ Permanent zu lernen, neue Rollen zu übernehmen (interaktive Kompetenz)
➜ Lernen im Umgang mit Unsicherheiten und Konflikten sowie von Entscheidungen in komplexen Situationen (Persönlichkeits- und Führungskompetenz)
➜ Motivation zum lebenslangen Lernen im beruflichen Alltag sowie auch im Familien-, Freizeit- und öffentlichen Bereich des Lebens (Umfeldkompetenz)

Wenn Sie es schaffen, diese Kompetenzen auszubauen und dadurch die Selbstqualifikation im Gespräch erhöhen, werden Sie von Mal zu Mal erfolgreichere Gespräche führen. Wie von selbst werden sich Probleme lösen, und Sie werden immer öfter das Ergebnis erzielen, das Sie sich wünschen – gleichwohl auch Ihr Gesprächspartner als Mensch aus diesem Gespräch hervorgehen wird.

Was Menschen reizt und in Bewegung bringt

Wer mit Menschen kommunizieren und diese erfolgreich beeinflussen will, braucht Menschenkenntnis. Prof. Heidack sagt dazu: „Man muss von den psychischen Grundgegebenheiten her die Besonderheiten im Verhalten des Einzelnen erfassen. Dabei spielt die Gefühls- und Erlebniswelt eine bedeutsamere Rolle als die Rationalität. Bewusster Wille und Verstand zeigen sich eigentlich nur »oberflächlich«, sie sind wie die Spitze eines Eisberges an der Wasseroberfläche:

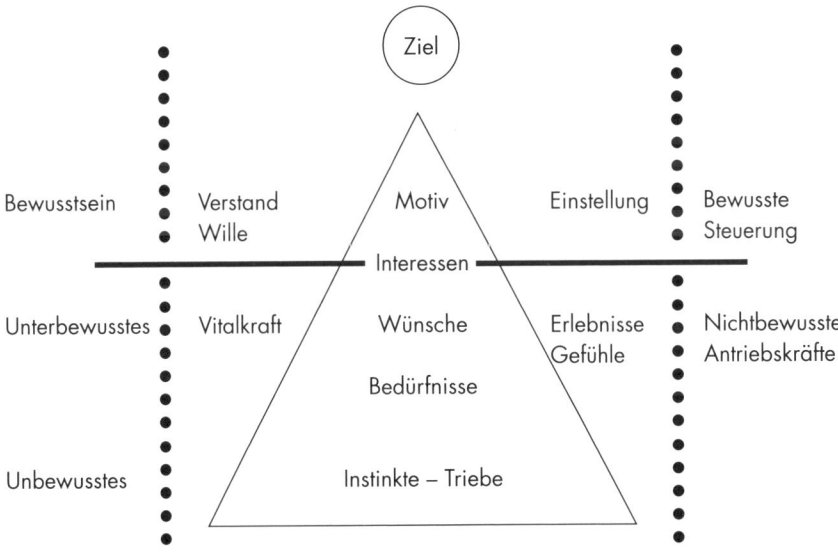

Abbildung aus: Heidack 1981

Die Kräfte der emotionalen Bereiche sind am schwierigsten erkennbar und steuerbar. Hierzu gehören:
→ Bedürfnisse
→ Befürchtungen, Ängste
→ Erwartungen, Hoffnungen
→ Geld, Einfluss, Macht
→ Konvention, Gesetze, Normen, Regeln.

Die Faktoren der Leistungsmotivation sind Antriebe, die zielgerichtet Leistung bewirken. Es sind:
→ Motive
→ Interessen
→ Wünsche
→ Bedürfnisse.

Motive sind Einstellungen zugeordnet. Die Interessen haben mehr rationalen Charakter. Wünsche entspringen stärker Erlebnissituationen. Bedürfnisse gründen in der Vitalkraft des Menschen."

Nun wissen Sie auch oder können zumindest nachvollziehen, welche grundlegenden Faktoren Sie in Gesprächen, gleich ob privater Natur oder bei Mitarbeitern/Kollegen/Vorgesetzten, beachten müssen. Denn die Bedürfnisse aus nachfolgender Liste spielen in Ihrem eigenen Leben eine ebenso große Rolle wie auch im Leben jedes anderen Menschen. Kein Wunder also, dass in einem Gespräch, in dem zwei Menschen mit unterschiedlichen individuellen Bedürfnissen zusammenkommen, oft keine Einigung erzielt werden kann. Wenn Sie sich mit diesen Bedürfnissen auseinander setzen und diese für sich selbst im Zusammenhang mit einer ganz gezielten Gesprächssituation geklärt haben, überlegen Sie sich, welche Bedürfnisse wohl Ihr Gegenüber hat. Und schon sehen Sie die ganze Situation vielleicht einmal aus einem ganz anderen Blickwinkel. Mit dieser Methode des „Sich-einmal-auf-den-Stuhl-des-anderen-Setzens" könnten viele Gespräche für beide Seiten besser verlaufen. Hier die Bedürfnis-Aufstellung nach Prof. Heidack in Anlehnung an Maslow:

E   Bedürfnisse der Selbstverwirklichung

15. **Einfluss:** Die Umwelt den eigenen Ideen entsprechend gestalten. Macht (direkt/indirekt) ausüben.

14. **Interesse:** Interessante, neugiererregende, herausfordernde Aufgaben haben.

13. **Selbst-Verwirklichung:** Die eigenen Fähigkeiten zur Geltung bringen und steigern.

12. **Kennen, Wissen, Verstehen (Selbstqualifikation):** Erforschen, erfahren, lernen, erkennen, analysieren, systematisieren, verstehen.

11. **Erzielung von Erfolgen (Achievement):** Ziele erreichen, Aufgaben erfüllen, Leistung erbringen.

D   »Ich«-Bedürfnisse

10. **Selbst-Schätzung:** Vertrauen in die eigenen Fähigkeiten; ein solides und positives Selbstbild.

9. **Rang, Würde und Rolle:** Den eigenen Fähigkeiten entsprechende Rollen wahrnehmen und Rang (Status) haben.

8. **Anerkennung:** Befördert. gelobt, anerkannt, gewürdigt werden, als wichtig empfunden werden, das Interesse anderer auf sich lenken.

C   »Soziale Bedürfnisse«

7. **Indentifikation:** Sich hinter die Ziele einer Organisation stellen; sich einer sozialen Einheit zugehörig fühlen.

6. **Beziehungen:** Gute Beziehungen zu Mitmenschen, z.B. zu Vorgesetzten, Kollegen, Mitarbeitern, Kunden usw., zu haben.

B   Sicherheitsbedürfnisse

5. **Übersicht:** Klare Verständlichkeit des Systems, der Gesetze und der Regeln.

4. **Wirkungsfähigkeit:** Verfügbarkeit und Brauchbarkeit der unentbehrlich wichtigen Mittel und Werkzeuge.

3. **Sicherheit:** Freiheit von der Angst vor Verlust schon errungener Vorteile oder noch offener Möglichkeiten.

A   Körperliche (physiologische) Bedürfnisse

2. **Milieu:** Befriedigendes Milieu: Licht, Temperatur, Sauberkeit usw.

1. **Grundbedürfnisse:** Genügend Essen, Trinken, Schlafen, Kleidung usw.; ein zufrieden stellendes Gehalt.

10 Tipps zur Gesprächsführung

Selbstqualifikation setzt voraus, dass ich mich intensiv mit den Methoden der Gesprächsführung auseinander setze, soziale Kompetenz setzt voraus, dass ich nicht nur mein eigenes Ziel vor Augen habe, sondern mich auch einmal frage, was denn mein Gesprächspartner wollen könnte. Gehen wir deshalb einfach die zehn wichtigsten Punkte für eine effektive Gesprächsführung einmal komprimiert durch:

1. Mein Ziel
Machen Sie sich eine klare Vorstellung von dem, was Sie durch das Gespräch erreichen wollen.

2. Die Vorstellung des anderen
Überlegen Sie, was Ihr Gesprächspartner will, welche Erwartungen er hat.

3. Vorbereitung
Bereiten Sie sich inhaltlich und mental auf das Gespräch vor. Stimmen Sie sich ein. Wenn Sie so gar nichts über Ihr Gegenüber wissen und gehetzt zum Termin eilen, wie soll dann ein erfolgreiches Gespräch dabei herauskommen?

4. Gesprächsatmosphäre
Schaffen Sie eine angenehme und entspannte Gesprächsatmosphäre. In einer solchen Oase fühlen gerade in der heutigen hektischen Zeit nicht nur Sie sich wohler, Sie reichen auch Ihrem Gesprächspartner dadurch schon einmal symbolisch die Hand. In einer gelösten Atmosphäre spricht sich's für beide Parteien leichter.

5. Argumentation
Argumentieren Sie fair und begeistern Sie Ihr Gegenüber durch die eigene Überzeugung.

6. Zuhören
Hören Sie Ihrem Gesprächspartner aufmerksam zu. Sie können sehr viel von dem, was dieser sagt, später wieder in den eigenen Gesprächsverlauf einfließen lassen.

7. Eingehen auf den Partner
Durch die Informationen, die Sie von Ihrem Gesprächspartner bekommen haben, können Sie ihm ganz gezielt vermitteln, dass Sie ihn verstanden haben und auf seine Vorstellungen, soweit dies von Ihrer Seite aus machbar ist, auch eingehen. Betrachten und behandeln Sie Ihr Gegenüber immer als Mensch, der er oder sie nun mal – auch hinter allen fachlichen Diskussionspunkten und Unstimmigkeiten – ist.

8. Fragen
Durch gezielte Fragen betreiben Sie eine aktive Gesprächsführung. Sie steuern das Gespräch und erhalten wertvolle Informationen Ihres Gegenübers.

9. Gemeinsamkeiten
Arbeiten Sie bei dem Gespräch in regelmäßigen Abständen Gemeinsamkeiten heraus. Fassen Sie bestimmte Gesprächsabstände immer wieder zusammen, so dass Sie beide bis zu einem genau festgelegten Punkt übereinstimmen. Dann ist es am Schluss auch gar nicht mehr aufwendig, das Ergebnis festzuhalten.

10. Ergebnis
Halten Sie ein Ergebnis fest. Fassen Sie die drei wichtigsten Punkte Ihres Gespräches zusammen. Normal geschieht dies zunächst mündlich und im Anschluss von einem der Teilnehmer auch noch schriftlich. Im Idealfall wird auch festgelegt, wer was bis wann macht und dafür verantwortlich ist.

Wenn Sie diese zehn grundsätzlichen Punkte berücksichtigen, dann können Sie auch jede schwierige Gesprächssituation, wie wir sie im kommenden Kapitel erleben werden, meistern. Und denken Sie vielleicht einfach einmal an Ihre innere Vorstellungskraft und welche Macht diese hat. Wenn bislang Bewerbungsgespräche für Sie immer mit einer Absage geendet haben, wie sollen Sie eine positive Assoziation zu dem Thema Bewerbungsgespräche haben? Hat dagegen ein anderer zweimal in seinem Leben ein Bewerbungsgespräch absolviert, wird er sehr positiv darüber denken und sagen: „Ein Bewerbungsgespräch, das ist doch das Leichteste auf der Welt!"

Je nach persönlicher Erfahrung oder dem, was andere Ihnen erzählt haben, stufen Sie also Gesprächssituationen als einfach oder schwierig ein. Machen Sie sich an dieser Stelle bitte einmal nur bewusst, dass dies eine rein individuelle Einschätzung Ihrer Person ist. Natürlich ist ein Kritikgespräch vielleicht nicht immer angenehm – für beide Seiten. Geht der Vorgesetzte das Thema jedoch offen an und bringt das Gespräch den Einzelnen inhaltlich weiter, erkennt er das Potenzial eines solchen Gesprächs, können wir auch dies von der Liste der schwierigen Gespräche streichen. Sie sehen, vieles ist eine Sache der jeweiligen Betrachtungsweise. Steigen wir nun in die so genannten „schwierigen" Gespräche ein.

5.3 „Schwierige" Gespräche meistern

Jedes Gespräch ist eine Herausforderung an die Beteiligten, im positiven wie im negativen Sinne. Denn machen wir uns nichts vor – es wird auch in Zukunft und wenn wir auch noch so viele Einflussfaktoren kennen und uns vornehmen, menschlich miteinander umzugehen, nicht nur „Friede-Freude-Eierkuchen"-Gespräche in unserem Leben geben. Es wird immer wieder Situationen geben, in denen wir Konflikte ansprechen und Kritiken ausgesetzt sind. Und das ist auch das Normalste auf der Welt. Denn wo Menschen zusammen leben und arbeiten, gibt es immer Dinge, die von zwei Parteien unterschiedlich wahrgenommen werden und die dann Inhalt eines Gespräches sind. Umso leichter können wir mit Hilfe gewisser Grundkenntnisse mit „schwierigen" Gesprächssituationen umgehen.

Schwierige Gespräche stellen an die Gesprächspartner besondere Anforderungen. Stellen Sie sich vor, Sie müssen als Vorgesetzter den Streit zwischen zwei Mitarbeitern schlichten oder selbst einen Mitarbeiter aufgrund schwer wiegender Vergehen abmahnen oder gar fristlos entlassen. Wie gehen Sie damit um? Je nach Erfahrung mit derartigen Gesprächssituationen gehen Menschen damit völlig unterschiedlich um. Die einen schieben solche Gespräche lange vor sich her, die anderen freuen sich darauf, weil das Thema endlich angesprochen wird, wieder andere freuen sich auf die Herausforderung eines solchen Gesprächs und stellen sich die Maxime: dieses „schwierige" Gespräch genauso souverän zu meistern wie jedes andere auch und dabei den Menschen gegenüber als Mensch zu behandeln und eine faire Lösung für beide Seiten zu finden. Bevor wir in die einzelnen Gesprächssituationen einsteigen, sollten Sie wissen, dass Gespräche grundsätzlich auf zwei Ebenen stattfinden, nämlich auf der rationalen und der emotionalen Ebene.

Die Gesprächsebenen

Stellen Sie sich bitte folgende Situation vor: Zwei Menschen sprechen miteinander, sie argumentieren, diskutieren, hören einander aufmerksam zu – man sollte meinen, da müsste sich doch ein Konsens finden lassen. Für einen Außenstehenden klingen die Argumente beider Parteien logisch. Da ist es doch verwunderlich, wenn diese Gesprächspartner nicht zu einer Entscheidung oder zumindest einer Einigung kommen. Soweit die rationale Ebene, die von einem Außenstehenden eher erkannt wird.

Betrachten wir jedoch einmal die emotionale Ebene, schaut die ganze Sache schon anders aus. Wenn die beiden Gesprächspartner emotional nicht miteinander auskommen, können die Argumente noch so gut sein und doch wird keine Einigung zustande kommen. Sie sind einfach emotional zu weit voneinander entfernt. Viele Kommunikationsprofis berücksichtigen dies bei anspruchsvollen Gesprächen im Geschäftsleben bereits. Und doch meinen immer noch viele, sie bräuchten nur die besseren Argumente, und das Geschäft sei so gut wie sicher.

Weit gefehlt. Die emotionale Ebene entscheidet meist unbewusst viel häufiger als die rationale dies tut. Und sicher haben Sie sich selbst schon einmal dabei ertappt, wie Sie eine Entscheidung aus dem Bauch heraus getroffen haben, von der Sie vielleicht hinterher gemerkt haben, dass es effektiv gar keine so ganz sinnvolle Entscheidung war. Ihr Gegenüber war Ihnen halt einfach von Anfang an sympathisch. Umgekehrt hatten Sie sicher auch schon Gespräche, in denen vom Verstand her alles völlig logisch und klar war, wäre da nicht diese Antipathie mit Ihrem Gegenüber. Im Grunde genommen haben Sie längst aufgehört, dessen Argumentation zu verfolgen, weil Ihnen sein „blödes Gerede" einfach nur „auf die Nerven geht". Oder weil Ihnen sein Grinsen nicht gefällt, er Körpergeruch hat, einen unmöglichen Anzug anhat, ... etc.

Exkurs: Stil und Outfit

In der Kommunikation und insbesondere im Gespräch zwischen zwei Menschen spielt auch das Zwischenmenschliche, wie wir erfahren haben, eine große Rolle. Deshalb machen wir an dieser Stelle einen kleinen Exkurs zum Thema Stil und Outfit – dann klappt's auch mit der Kommunikation.

Grundsätzlich sollten Sie überdenken, was Sie denn von Ihrem Gegenüber erwarten, wenn Sie mit diesem sprechen. Eine Knoblauch„fahne" vom Besuch des Griechen gestern Abend bestimmt nicht. Und Kleidung, die man locker in die „Ecke stellen könnte", wirkt, bei welchem menschlichen Zusammentreffen auch immer, nicht sehr vorteilhaft. Aber auch ein schrilles Outfit, mit dem Sie zur Love-Parade gehen könnten, ist vielleicht nicht unbedingt die entsprechende Kleidung, außer natürlich, Sie wollen sich um einen Job auf eben jener Love-Parade bewerben. Überlegen Sie also, ob Ihr Outfit stimmig ist:

1. Kleiden Sie sich immer eine Nummer besser als erwartet

„Kleider machen Leute" – das gilt heute mehr denn je und wird im Geschäftsleben einfach erwartet. Ob Vorstellungsgespräch oder Präsentation, ob Sie mit Ihrem Mitarbeiter oder Vorgesetzten sprechen – das entsprechende Outfit spricht Bände. Sie beweisen damit nicht nur Stil, sondern wertschätzen auch Ihr Gegenüber, wenn Sie sich entsprechend kleiden. Entsprechend heißt üblich, eine Nummer besser als erwartet. Es kann jedoch auch bedeuten, dass Sie ganz bewusst auf etwas Stil verzichten, wenn Sie mit Menschen sprechen, die im Beruf nicht jeden Tag mit Anzug und Krawatte durch die Gegend laufen. So kann ein Geschäftsmann in der Bank durch einen gelungenen Auftritt in einem maßgeschneiderten Anzug sicher bessere Überzeugungsarbeit zur Bewilligung eines Business-Kredits leisten, wenn sein Banker von seinem offensichtlichen Erfolg überzeugt ist. Andererseits wird der Gewerkschafter im „feinen Zwirn" bei Stahlarbeitern im verschmutzten Arbeitsdress, wenn es um deren Arbeitsplätze geht, eher Vorbehalte aufbauen. Um es klarzustellen, „eine Nummer besser als erwartet" heißt noch lange nicht „over-dressed".

2. Achten Sie auf Ihr Äußeres

Was denken Sie denn, wenn an der Kasse jemand vor Ihnen steht, der „fünf Meilen gegen den Wind stinkt" oder dessen Haare wohl schon lange kein Shampoo mehr gesehen haben? Sicher klingt das alles jetzt maßlos übertrieben und wie eine Szene aus einem schlechten Film. Und doch stecken kleine Weisheiten darin. Auch im Geschäftsleben begegnen wir immer wieder Menschen, die zu wenig Wert auf ihr äußeres Erscheinungsbild legen. Von Mundgeruch über schlecht angenähte oder sogar fehlende Knöpfe an der Jacke bis hin zu schmutzigen Fingernägeln – alles schon vorgekommen. Und da ist es keine Entschuldigung, wenn Sie am Wochenende begeisterter Hobby-Gärtner sind. Sie haben nun mal die Verpflichtung, Ihrem Gegenüber in einem bestmöglichen Zustand gegenuberzutreten. Deshalb achten Sie auf Ihr Äußeres sehr sorgfältig, umso leichter wird Ihnen anschließend das Gespräch fallen, wenn Ihr Gegenüber nicht immer nur auf den Soßenfleck auf Ihrem Hemd starren muss und dadurch ganz abgelenkt ist. Nur wenn diese grundsätzlichen Dinge o.k. sind, kann sich Ihr Gegenüber auf Ihre Person und die Dinge, die Sie sagen, konzentrieren.

3. Gehen Sie locker mit ungewohnten Situationen um

Was auch immer passiert, bleiben Sie locker. Es kann vorkommen, dass Ihnen bei einem Stehempfang jemand etwas Suppe über den Ärmel kippt. Oder dass Sie durch schlechtes Wetter dreckige Schuhe bekommen. Sie sollten natürlich für den Fall der Fälle gerüstet sein und z.B. im Büro oder Auto immer ein zweites Outfit bereit haben – zumindest wenn ein für Sie wichtiges Gespräch ansteht. Und Nadel und Zwirn gehören für den Notfall in jede Tasche und in jeden Koffer. Wenn aber doch einmal etwas Unvorhersehbares geschieht, nehmen Sie es mit Humor. Wenn Ihr Selbstvertrauen groß genug ist, können Sie und damit auch Ihr Gesprächspartner über eine Kleinigkeit hinwegsehen. Überlegen Sie einfach, ob Sie diese Kleinigkeit jedem gleich „auf die Nase binden" müssen oder ob das Malheur vielleicht überhaupt keinem auffällt, außer Ihnen. Wenn es wirklich nur mit der Lupe sichtbar ist, verhalten Sie sich lieber still und gehen über die Sache einfach hinweg. Ist es allerdings nicht zu übersehen, sprechen Sie die Sache direkt an, dann kann Ihr Gegenüber dies abhaken und Sie können sich gemeinsam auf Ihr Gespräch und einen baldigen Konsens freuen.

Gesprächssituationen

Gesprächssituationen gibt es viele: Verkaufsgespräche, Verhandlungen, das Telefongespräch, Interview, Smalltalk, Diskussion, Kritikgespräch, Vorstellungsgespräch, Ansprache oder Belobigungsgespräch. Einige, auf die wir uns freuen, andere wiederum, vor denen wir am liebsten Reißaus nehmen würden. Grundsätzlich können Sie sich mit jeder Gesprächssituation anfreunden, wenn Sie grundsätzliche sprachliche Fertigkeiten und kommunikatorische Fähigkeiten besitzen. Etwas Erfahrung kann natürlich auch nichts schaden. Dann besitzen Sie auch die Zuversicht, jede Gesprächssituation zu meistern und das Beste für alle Beteiligten herauszuholen. Diese Erfahrungen kommen besonders Führungskräften zugute, deren Aufgabe es u.a. ist, Mitarbeiter durch Gespräche weiterzuentwickeln.

Mitarbeiterführung und -entwicklung durch Gespräche

Sie kennen vielleicht die alte religiöse Weisheit aus Bibel und Koran: „Wenn du kein Ziel hast, dann kannst du jeden Weg gehen. Er ist immer der richtige." Gleiches gilt für Mitarbeitergespräche. Klare Ziele brauchen eine gemeinsame Weg-/Ziel-Vereinbarung, die auch im Gespräch entwickelt oder zumindest besprochen wird. Nur so kann garantiert werden, dass auch alle Beteiligten hinter diesen Zielen stehen. Denn speziell auf dem Weg zum Ziel kann manches Hindernis auftreten, das anfängliche Freude in Frust verwandelt. Wie verhindern Sie Ziellosigkeit gemäß der genannten Weisheit, die auch den schlimmsten Irrweg moderner Mitarbeiterführung kennzeichnet?

Gespräche ohne Ziele wäre verpuffte Energie. Zur Strategie, den Weg zum Ziel aufzubereiten, gehört auch genauso die Motivation. Ohne Motivation bliebe ein jedes Ziel leerer Plan. Diesen Doppelaspekt der Leistungserstellung kann man in Abwandlung eines gewichtigen Wortes des Philosophen Kant als Prinzip für die Gesprächs-Motivationsstrategie wie folgt formulieren:

Motivation ohne Ziel ist blind, aber genauso sind Zielsetzungen ohne Motivation leer. Und ohne Gespräche, in denen diese Ziele geklärt und durch die Motivation erst vermittelt werden können, ist alles hinfällig. Prof. Heidack erklärt dazu: „Der Spannungszustand und Handlungsvorgang bei einem Gespräch können mit dem Bogenschießen verglichen werden. Es gibt drei Vorgangselemente und Regulationen des Gesprächs, die wir durch das Beispiel vom Bogenschießen anschaulich machen können:

1. »Motivations-Macher« (Motivationsfaktoren)
2. Weg zum Ziel
3. Ziel"*

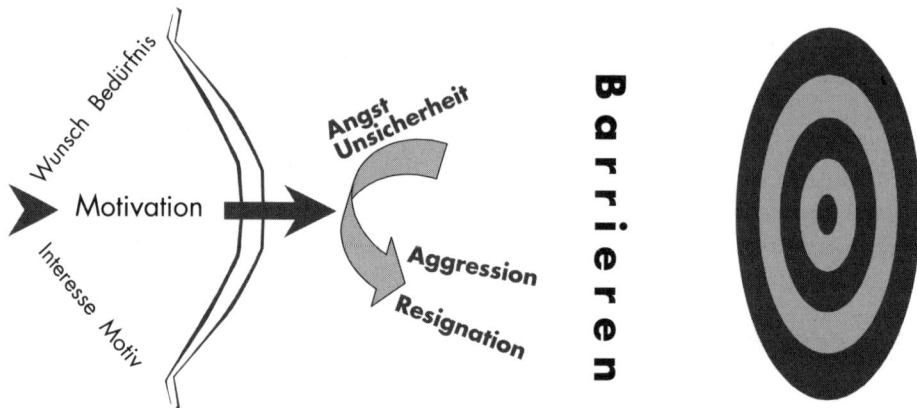

Modellvorstellung vom Motivationsvorgang mit psychologischem Hintergrund
(© Prof. Dr. Clemens Heidack)

Als „Motivations-Macher" sind die zielgerichteten Antriebskräfte, Bedürfnisse, Wünsche, Interessen und Motive aufgrund von Einstellungen und der entsprechende Anreiz von außen oder der innere Wille, welche die Spannkraft freigeben, anzusehen. Der Wille des Menschen ist meist von mehreren Beweggründen beeinflusst. Interessanterweise ist der Wille als solcher keine Kraft, auch wenn man irrtümlicherweise von Willens„energie" spricht. Die Vitalität der Antriebskräfte bringt die Spannungsenergie. Der Wille ist die geistige Fähigkeit, die Kräfte auf ein gesetztes Ziel hinzusteuern. Im Vergleich hierzu braucht der Bogenschütze, der die exakte Ziellinie ausrichtet und dann den Pfeil abschnellen lässt (= Wille), die geballte Spannungskraft des Bogens zum Abschuss. „Weg zum Ziel" ist die ursprüngliche Wortbedeutung für Methode. Dass das Ziel bedeutsam ist, steht außer Frage. Deshalb muss der Vorgesetzte Gespräche auf zwei Ebenen zu führen:

1. Die sachliche Ebene
Die Zielvorgabe muss von der Sache her stimmen und optimal methodisch (organisatorisch) ausgelegt sein.

---

* An dieser Stelle bedanke ich mich bei Prof. Dr. Clemens Heidack für die Erlaubnis, das *Flitzebogenmodell* hier abdrucken zu dürfen.

2. Die emotionale Ebene

Der Vorgesetzte muss den Mitarbeiter auf der emotionalen Ebene steuern, so dass der Mitarbeiter bereit ist, die sachlichen Probleme aufzunehmen und zu verarbeiten und dem organisatorischen Weg zu folgen.

Hindernisse gemeinsam überwinden

Und wenn Sie noch so gute Gespräche führen und wenn Ihre Mitarbeiter noch so motiviert sind, wird es immer wieder Situationen geben, in denen das Ziel nicht auf direktem Wege erreicht werden kann. Manchmal sind Umwege notwendig, manchmal dauert es einfach zu lange, bis ein Erfolgserlebnis spürbar wird. Dies kann zu Aggressivität oder Frustration führen. Beides ganz normale emotionale Vorgänge, mit denen Sie als Führungskraft umgehen können müssen. Wenn ein Mitarbeiter nicht mehr in gewohnter Weise arbeitet, kann es daran liegen, dass er einfach Angst davor hat, Fehler zu machen. Und wenn jemand nicht bei der Sache ist, liegt es an Ihnen als Führungskraft, diesem Vorgang auf den Grund zu gehen. Gespräche können helfen, wenn Mitarbeiter offensichtlich nicht mehr bereit sind, die bislang bekannte Leistung zu bringen.

Überlegen Sie doch selbst einmal, wie Sie sich fühlen, wenn Sie etwas nicht so geschafft haben, wie Sie es sich vorgestellt hatten. Stimmt! Sie sind wahrscheinlich sauer auf sich selbst, klagen sich an, versagt zu haben. Ähnlich geht es einem Mitarbeiter in einer vergleichbaren beruflichen Situation. Doch anstatt ihm zu helfen, damit er das nächste Mal ein Ergebnis erzielt, mit dem er zufrieden ist, greifen viele Führungskräfte jetzt noch negativ ein. Vorwürfe demotivieren und bringen sicherlich nicht den gewünschten Effekt. Es kann jedoch auch andersherum sein, dass ein Mitarbeiter tolle Arbeit abliefert und dafür vom Vorgesetzten keine Beachtung erntet. Was glauben Sie wohl? Wird sich dieser Mitarbeiter ein zweites Mal derart anstrengen oder nicht doch denken: „Na, wenn das keinen interessiert, wie ich mich hier engagiere, dann kann ich ja einen Gang zurückschalten." Das Ergebnis ist das gleiche! Frustration auf beiden Seiten, die meist ein Gespräch erst gar nicht aufkommen lässt.

Was Menschen erwarten

Vorgesetzte und Mitarbeiter haben beide Erwartungen. Nicht immer unbedingt die gleichen, und doch kann es gelingen, beide Erwartungshaltungen im Rahmen einer effektiven und sinnvollen Organisationsentwicklung unter einen Hut zu bringen. Aber auch Mitarbeiter haben je nach Ausrichtung nicht dieselben Erwartungen. So wird ein junger aufstrebender Uni-Absolvent in seiner ersten Stellung andere Erwartungen haben als ein langjähriger Arbeiter am Band. Bei allen gleich ist jedoch Folgendes: Je besser diese Erwartungen erfüllt werden, umso glücklicher ist der Mitarbeiter und umso besser auch seine Arbeitsleistung. Die Erwartungen jedes Einzelnen bestimmen seine Möglichkeiten und seine Bereitschaft, eine entsprechende Arbeitsleistung einzubringen. Dies alles können Sie in Gesprächen herausfinden und Ihre Mitarbeiter entsprechend führen und weiterentwickeln.

Das so genannte Flitzebogenmodell nach Prof. Heidack betrachtet zum Großteil die Motivation des Einzelnen in der Gesprächsführung. Dieses Modell ist psychologisch. Ein sozialpsychologisches Modell bezieht immer den anderen mit ein. Deshalb gehen wir in den folgenden Gesprächssituationen immer davon aus, dass eine erfolgreiche Gesprächsführung immer die Interessen meines Partners mitberücksichtigt, jedoch auch meine nicht vernachlässigt. Oder wie Pascal sagte: „Beredsamkeit ist die Kunst, so von den Dingen zu sprechen, dass jedermann gern zuhört" und: „Man lässt sich gewöhnlich lieber durch Gründe überzeugen, die man selbst gefunden hat, als durch solche, die andern in den Sinn gekommen sind." Das bedeutet also, dass ein, wenn nicht sogar der wichtigste Grundsatz für die Gesprächsführung lautet: *Helfen Sie Ihrem Gesprächspartner, indem Sie ihm die richtigen Entscheidungshilfen geben, sich selbst zu überzeugen – dann ist eine Gesprächsführung auch dauerhaft erfolgreich.*

Mitarbeitermotivation durch offene Gespräche

Wenn Sie die Erwartungen Ihrer Mitarbeiter kennen, können Sie auch richtig mit ihnen kommunizieren. Finden Sie heraus, welche Wünsche und Interessen Ihr Mitarbeiter grundsätzlich hat. Während des Gesprächs können Sie diese dann gezielt berücksichtigen und gemeinsam eine Strategie entwickeln, mit der sich der Mitarbeiter wohl fühlt und dementsprechend dann auch Leistung bringt. Ein Beispiel zeigt, wie es in der Praxis funktionieren kann:

Führen Sie mit Ihren Mitarbeitern in führenden Positionen regelmäßig Entwicklungsgespräche. Stellen Sie Fragen, finden Sie heraus, wo Ihrer Führungskraft „der Schuh drückt". Notfalls hören Sie sich auch im Kollegenkreis einmal um. Nur so können Sie ihm ein entsprechendes Angebot unterbreiten. Von einem hören Sie, dass er bei Kunden und Kollegen schon öfter von einem Firmenauto gesprochen hat. Warum erfüllen Sie ihm diesen Gefallen nicht und lassen einfach die nächste Gehaltserhöhung auf vier Rädern anrollen. Ein anderer erzählt von seiner fünfköpfigen Familie, die er versorgt wissen will. Wie wäre es hier mit einem langfristigen Vertrag, in den Sie als besondere Sozialleistung eine Familien-Vielschutz-Versicherung integrieren. Und von einem Dritten erfahren Sie, dass dessen Frau momentan erkrankt ist und er sich um alles kümmern muss. Wenn Sie diesem Dritten nun ein weiteres Aufgabenfeld übertragen, in der Meinung, er freut sich, kann es schlimmstenfalls zur Kündigung führen. Diese Beispiele machen deutlich, welche Bedeutung Mitarbeitergespräche haben und wie Sie diese zum beiderseitigen Nutzen steuern können.

Von Gesprächssituationen

Natürlich kann sich auch in normalen Mitarbeitergesprächen eine „schwierige" Situation ergeben. Dies ist jedoch nicht automatisch der Fall. Es gibt wiederum Gesprächssituationen, bei denen zumindest eine Partei von vornherein weiß, dass es kein allzu leichtes Gespräch werden wird. Zum einen, weil man heikle Themen ansprechen muss und hier auch oft nicht einschätzen kann, wie der andere darauf reagiert. Übungen und das eigene Bemühen, von der eigenen Seite aus fair zu (re)-agieren, weisen den Weg in „schwierige" Gespräche, zeigen, wie man am besten damit umgeht und eine Lösung findet, die für beide Seiten akzeptabel ist.

Mit dem Wissen, wie Sie von vornherein besser mit scheinbar „schwierigen" Gesprächen umgehen, kommt es zum Teil gar nicht dazu. Wie das? Sie können „schwierigen" Gesprächen nicht aus dem Weg gehen, und das sollen Sie auch gar nicht. Und mit Abblocken kommen Sie auch nicht weiter. Dann gehen Sie doch einfach offen in jedes Gespräch hinein. Und sollte sich wirklich einmal ein Gespräch zu einem „schwierigen" Gespräch entwickeln, zeigen Ihnen nachfolgende Beispiele Mittel und Wege, diese unbeschadet und ohne Stress zu überstehen.

Das Kritikgespräch

Wo Menschen arbeiten, werden auch Fehler gemacht. Alles andere wäre verwunderlich. Ein Rezept gegen Fehler gibt es nicht, nur die Möglichkeit, mit Menschen über diese Fehler und wie es dazu gekommen ist, zu sprechen. Beachten Sie dabei bitte, dass es Fehler und Fehler gibt. Zum einen Fehler, die eigentlich nicht passieren dürften. Kommen diese bei einem Mitarbeiter durch fehlende Konzentration oder schlampiges Arbeiten öfter vor, müssen Sie Konsequenzen ziehen. Zum anderen Fehler, die passieren, weil der Mitarbeiter vielleicht zu wenig über eine Entscheidung nachgedacht hat oder zu wenig Informationen hatte, um diese überhaupt zu treffen. Richtig zu kritisieren ist dann nicht einfach. Die gute Nachricht ist: Sie können es lernen und trainieren!

Im Mittelpunkt des Kritikgesprächs steht ein Fehlverhalten/eine Fehlentscheidung sowie deren Korrektur und/oder Vermeidung für die Zukunft. Da es um die Sache und niemals um den Menschen geht, eigentlich eine lösbare Aufgabe. Eigentlich! Denn allzu leicht fühlt sich der eine angegriffen, aus Verteidigung wird die Suche nach einem anderen Schuldigen und der Gegenangriff. Und schon ist aus einem Kritikgespräch das klassische Konfliktgespräch geworden.

Die fünf wichtigsten Tipps für ein Kritikgespräch

Kritik ist an und für sich ja noch nichts Negatives, auch wenn diese meist so empfunden wird. Es ist eine reine Feststellung, dass etwas nicht so verlaufen ist, wie ein anderer es sich vorgestellt hat. Punktum! Und doch reagieren wir Menschen bei Kritik meist getroffen, verletzt, je nach Wesensart vielleicht aggressiv oder mehr passiv, oft sogar trotzig. Lassen Sie es nicht so weit kommen. Deshalb hier die fünf wichtigsten Tipps für ein Kritikgespräch:

1. Es geht immer um die Sache, nie um den Menschen

Ob Sie nun den Menschen schätzen, der Ihnen gegenüber sitzt oder nicht, tut nichts zu Sache. Der eine lässt sich lieber von einem Vorgesetzten kritisieren, der ihm wohlgesinnt ist. Der andere kann Kritik nur von jemandem ertragen, der ihm nicht zu nahe steht. Sprechen Sie bei einem Kritikgespräch immer von der Sache und nie von dem Menschen. Es geht darum, den Kunden zu begeistern, höhere Verkaufszahlen zu erzielen oder einfach ein gutes Betriebsklima zu fördern – es geht nicht darum, dass Frau Maier ein unhöflicher Mensch ist (dass sie sich am Telefon Kunden gegenüber so verhalten hat, müssen Sie natürlich ansprechen!) oder dass Herr Weidlich viel lieber in der Sonne sitzt als bei Kunden Geschäfte zu machen (dass er durch sein Verhalten natürlich die gemeinsam festgelegten Ziele nicht erreicht, das gehört auf den Tisch!).

2. Sprechen Sie Fehler offen an

Kritik muss manchmal eben sein. Lernfähige Mitarbeiter begrüßen ein Kritikgespräch sogar und nutzen dieses, um besser zu werden. Wenn Sie Fehler übersehen oder übergehen, kann es sein, dass Mitarbeiter diese Fehler unbewusst weitermachen – zum Leidwesen wessen auch immer. Ziel ist es, dass der Mitarbeiter den Fehler in seiner Leistung oder seinem Verhalten einsieht und auch akzeptiert. Nur so kann er dann erkennen, wie er diesen Fehler in Zukunft vermeiden kann. Mit dem Willen zur Verbesserung sollte der Kritisierte dann das Gespräch verlassen. Nur so kommen auch Veränderungen = Verbesserungen in Gang.

3. Analysieren Sie vor dem Gespräch den Sachverhalt

Wie bei allen Gesprächen gilt auch hier: Vorbereitung ist die halbe Miete! Mit einer klaren Strategie erhöhen Sie die Einsicht des Mitarbeiters, und die Chance ist relativ hoch, dass dieser danach auch sein Verhalten ändert. Am besten stellen Sie zunächst einmal wertneutral fest: „Ich habe festgestellt, dass …“ und bewerten dann die eben gemachte Feststellung mit den Worten: „Das wirkt sich schlecht aus auf …“ Gehen Sie dann zur Befragung (bitte kein Verhör!) des Kritisierten zum Sachverhalt über: „Wie ist es dazu gekommen, dass …?“

4. Lassen Sie den Kritisierten eine Stellungnahme abgeben

Lassen Sie sich nicht von Ihrer Strategie abbringen, wenn Mitarbeiter nach Kritik Ausreden oder Einwände anbringen. Und reagieren Sie nicht verärgert. Beides lenkt Sie nur vom Weg ab, gemeinsam ein konstruktives Kritikgespräch zu führen und eine gemeinsame Lösung für die Zukunft zu finden.

5. Helfen Sie dem Kritisierten, eine eigene Lösung zu finden

Durch Fragen wie: „Worauf wollen Sie in Zukunft achten?" oder: „Wie könnten Sie sich zukünftig anders verhalten?" geben Sie dem Mitarbeiter die Chance, sich eigene Gedanken zu machen, um das Problem zukünftig zu vermeiden. Reagieren Sie an dieser Stelle, wie auch in allen Bereichen eines Kritikgespräches, offen auf Einwände. Einwände sind zunächst einmal nur Gesprächsbeiträge und dienen als Diskussionsgrundlage. Seien Sie geradezu misstrauisch bei Mitarbeitern, die Kritik stumm entgegennehmen. Oft denken diese: „Lass den nur mal reden, ich mache das dann eh, wie ich will ..."

Kritisieren Sie offen und unmittelbar, aber niemals vor Dritten. Stehen Sie zu Ihrer Kritik. Und respektieren Sie Ihr Gegenüber und damit den Kritisierten, egal was auch vorgefallen ist, immer als Menschen. Wenn Sie diese Punkte berücksichtigen, wird auch ein Kritikgespräch ein Gespräch sein, an dem beide Parteien wachsen.

Kritik am Vorgesetzten

Die Literatur geht in den meisten Fällen davon aus, dass Kritik immer von oben nach unten geäußert wird. Dabei wäre es doch auch einmal spannend, zu beobachten, wie sich Führungskräfte und Vorgesetzte bei Kritik verhalten. Eigentlich müssten diese ja kritikfähig sein, erwarten sie dies doch auch von ihren Mitarbeiten. In vielen Fällen ist wohl eher das Gegenteil der Fall. Führungskräfte scheuen sich davor, sich der Kritik der Mitarbeiter zu stellen: aus Angst, sich mit sich selbst beschäftigen zu müssen, und aus der Arroganz heraus, dies doch nicht mehr nötig zu haben.

Einige Unternehmen jedoch arbeiten mit einem offenen Feedback-System in alle Richtungen. Dort stehen Mitarbeiter genauso in der Kritik wie Führungskräfte, Abteilungsleiter, ja selbst der Unternehmer. Dadurch gestalten Sie einen sehr offenen und auch positiven Umgang mit konstruktiver Kritik. Es geht nie um den Menschen, sondern immer um die Sache – um den Erhalt der einzelnen Abteilungen, um die Sicherung eines jeden Arbeitsplatzes, um den Erfolg des Unternehmens.

Das Konfliktgespräch

Konflikte – was sind das eigentlich? Haben Sie gerne Konflikte? Oder haben Sie es lieber, wenn alles harmonisch und ruhig abläuft. Kennen Sie Beziehungen, in denen alles so harmonisch abläuft, dass auch keine Spannung – im positiven Sinne – mehr drin ist. Friede, Freude, Eierkuchen – oft ist dies mehr eine vermeintliche Ruhe vor dem Sturm als ein wirklich effektives und konstruktives Zusammenleben oder -arbeiten.

Konflikte tun gut – vorausgesetzt, man geht entsprechend mit ihnen um. Konflikte sind etwas Natürliches und Selbstverständliches, denn so unterschiedlich Menschen sind, so unterschiedlich sind auch deren Herangehensweisen an Arbeiten. Und Konflikte haben eine wichtige Funktion, nämlich die Auseinandersetzung mit eben jenen unterschiedlichen Standpunkten und Herangehensweisen.

Flucht oder Kampf

Natürlich können Sie vor Konflikten die Flucht ergreifen. Trennen Sie sich von Ihrem Lebensabschnittsgefährten, kündigen Sie und ziehen Sie am besten auch gleich noch in eine andere Stadt. Ob Sie damit Ihre Probleme lösen, sei dahingestellt. Meist holen Sie nämlich die gleichen Probleme nur in ganz anderer Form wieder ein. Verdrängen oder Vermeiden hat noch nie zur Lösung eines Konfliktes geführt. Es gibt natürlich dabei keine Verlierer oder Gewinner. Der schmerzlose Weg ist jedoch nicht immer der bessere.

Andere stürzen sich förmlich auf jeden Konflikt. Krieg zu führen ist ihr Metier nach dem Motto: Nur wer kämpft, kann auch gewinnen! Ja, gewinnen kann in diesem Fall eben nur einer – denn beim Kampf gibt es immer einen Sieger und einen Verlierer. Sehr viel Energie ist hier notwendig, um dauerhaft zu den Siegern zu gehören. Und neben lauter Feinden, die man sich immer wieder vom Hals halten muss, lebt es sich auf Dauer auch nicht gerade sehr positiv.

Was bleibt, ist nur noch der konstruktive Umgang mit Konflikten und hier meist die Lösung durch sinnvolle Gespräche. Manchmal finden zwei Konfliktparteien durchaus eine gute Lösung und arbeiten gemeinsam einen Kompromiss aus. In vielen Situationen ist allerdings die Lage bereits so verzettelt und emotionsgeladen, dass die beiden Parteien ohne Hilfe keine faire Lösung für beide Seiten finden. Dann ist die Unterstützung eines unabhängigen Schiedsrichters, eines unparteiischen Mediators gefragt. Auf dieser Basis kann unter Umständen vielleicht sogar ein Konsens erarbeitet werden, durch den – anders als beim Kompromiss, in dem jeder einen Teil der eigenen Ziele aufgeben muss – alle Konfliktparteien ihre Ziele realisieren können.

Mediation bringt Konfliktlösung

Fragen sind ein Hauptbestandteil, mit denen ein Mediator das Gespräch zwischen zwei Konfliktparteien gezielt am Laufen hält. „Er hat genau die richtigen Fragen gestellt und ein wahres Wunder bewirkt, dass wir überhaupt wieder miteinander gesprochen haben", erklärt eine Mitarbeiterin nach der Mediation: „Wenn man bedenkt, dass wir uns nicht einmal mehr in die Augen sehen konnten und nur noch Intrigen gesponnen haben – da hat sich zumindest wieder eine Basis gefunden, um neu anzusetzen. Miteinander reden, wenn wir das nur schon mal früher getan hätten."

Zunächst hört sich der Mediator einmal die Aussagen der beiden Konfliktparteien getrennt voneinander an, um sich selbst ein Bild von den „Fronten" zu machen. Danach wird er daran arbeiten, die beiden Parteien zu einer Vereinbarung zu bewegen, die beide akzeptieren können. Der Mediator beruft das erste gemeinsame Gespräch erst dann ein, wenn gewisse gemeinsame Grundlagen geschaffen wurden. Dann leitet er das Gespräch, erteilt (und entzieht) das Wort und lenkt so die beiden Konfliktparteien behutsam zu einer Einigung. Am geschicktesten tut er dies durch die richtigen Fragen: „Was müsste denn passieren, damit Sie ...?", „Wären Sie bereit, eine Entschuldigung zu akzeptieren?" (Natürlich muss er hier in den Einzelgesprächen bereits geklärt haben, dass der andere auch bereit ist, eine Entschuldigung auszusprechen.) Oder er fragt: „Wäre es eine Lösung für Sie, wenn ...?" Geschickte Mediatoren spielen mit den Parteien eine Art „Sich-auf-den-Stuhl-des-anderen setzen"-Spiel. „Was würden Sie an seiner Stelle empfinden?" oder: „Welche Bedingungen würden Sie jetzt stellen?" Das kann sehr hilfreich sein, um nicht immer nur in der eigenen Gedankenwelt verzettelt zu sein, sondern auch einmal über den Tellerrand hinauszublicken – denn genau dort befinden sich oft Lösungsansätze!

Das Beurteilungsgespräch

Es liegt in der Natur der Sache, dass Menschen ständig werten, beurteilen und verurteilen. Vom Kleid der Arbeitskollegin über das arrogante Auftreten des Abteilungsleiters bis hin zum netten Wesen des Eisverkäufers, der in der Mittagspause für Unterhaltung und Abwechslung sorgt. Menschen nehmen ständig Informationen aus ihrer Umwelt auf. Sie empfangen Informationen und leiten diese weiter. Diese Informationen bilden die Grundlage für alle Entscheidungen. Vorher allerdings durchlaufen sie ein Wertungs- und Beurteilungsschema. Auch wenn ein solches Beurteilen und Werten bewusst und unbewusst ständig abläuft, ist ein Beurteilungsgespräch im beruflichen Umfeld doch eine ganz besondere Angelegenheit. Für den Vorgesetzen, der die Beurteilung abgibt, genauso wie für den Mitarbeiter, der beurteilt wird.

Beurteilungen müssen kommuniziert werden, denn eine Beurteilung, die still und heimlich gemacht wird und dann in der Schublade verschwindet, hilft weder dem

Mitarbeiter noch dem Unternehmen. Personalbeurteilungen sind Grundlage aller betriebswirtschaftlichen Entscheidungen. Und eine Beurteilung, die dem Mitarbeiter nicht kommuniziert wird, büßt einen großen Teil ihres Wertes ein. Die Frage ist, ob man Beurteilungsgespräche nun zu den „schwierigen" Gesprächen zählt oder nicht. In jedem Fall erfordern Beurteilungsgespräche besondere Maßnahmen, die es zu beachten gilt. Diese wollen wir hier kurz beleuchten.

Aufgabe der Beurteilungsgespräche

Wie jedes andere Gespräch auch, haben Beurteilungsgespräche sinnvollerweise einen äußeren Rahmen mit den Phasen der

1. Gesprächseröffnung

Eine sachliche, konstruktive Grundstimmung sorgt für eine offene Gesprächsatmosphäre.

2. Überleitung

Gemeinsame Erfahrungen und angenehme Erlebnisse leiten zu der Beurteilung über.

3. Besprechung der positiven Kriterien

Sinnvollerweise startet eine Beurteilung mit den positiven Kriterien, z.B. welche Fortschritte der Mitarbeiter seit der letzten Beurteilung (sofern vorhanden) gemacht hat. Eine grundsätzliche Zustimmung des Beurteilten wirkt sich positiv auf das gesamte Gespräch aus.

4. Besprechung der negativen Kriterien

Fehler können verbessert und zukünftig vermieden, Mängel behoben werden. Wenn diese Grundaussage für jedes Beurteilungsgespräch gilt, können auch negative Kriterien offen angesprochen werden. Ziel dabei ist es, dem Beurteilten Fehler und Mängel („Entwicklungspotenzial") aufzuzeigen und ihm bewusst zu machen, welche Auswirkungen diese auf sein berufliches Fortkommen haben. Der Beurteilte muss den Willen zeigen und sollte die Absicht erklären, diese abzustellen. Gemeinsam werden dann Mittel und Maßnahmen beschlossen, um dies zu realisieren.

5. Gesprächsabschluss

Der Gesprächsabschluss sollte immer positiv sein, d.h. die beiden Gesprächspartner gehen in der Absicht auseinander, die besprochenen Punkte auch gemeinsam anzugehen und zum Erfolg zu führen.

Dem Beurteilungsgespräch kommt laut dem Fachbuch *„Personalwirtschaft"* (Verlag moderne industrie 1994) die Aufgabe zu:

1. den Mitarbeiter über den Leistungsstand aus der Sicht des Vorgesetzten und der Unternehmensleitung zu informieren,
2. dem Mitarbeiter Möglichkeiten aufzuzeigen, die in seiner Person liegenden Anlagen und Stärken auszubauen,
3. dem Mitarbeiter zu helfen, die Schwachstellen zu erkennen, die ihn in seiner beruflichen Entwicklung behindern, und Wege zu ihrer Beseitigung zu finden,
4. den Mitarbeiter zu motivieren,
5. organisatorische Veränderungen in ihrer personalwirtschaftlichen Auswirkung zu erläutern,
6. den Zusammenhang der Beurteilungsergebnisse und der Lohn- und Gehaltspolitik fundiert darzustellen,
7. dem Beurteiler, dem Vorgesetzten über die Ursachen, Motive und Möglichkeiten des Mitarbeiters neue und ergänzende Einsichten zu verschaffen,
8. Missverständnisse zwischen dem Beurteiler und dem Beurteilten zu klären,
9. Konfliktmöglichkeiten vorbeugend zu beseitigen,
10. die Angemessenheit der Beurteilung zu überprüfen und gegebenenfalls Widerspruch einzulegen.

Harlander und die weiteren Autoren dieses Buches fassen wie folgt zusammen (S. 399): „Das Beurteilungsgespräch ist unabdingbarer Bestandteil des Beurteilungssystems. Die positiven Wirkungen eines Systems der betrieblichen Mitarbeiterbeurteilung können sich nur entfalten, wenn nicht nur der Beurteiler den Inhalt und die Folgen der von ihm erstellten Beurteilung sich voll vergegenwärtigt, sondern auch der Beurteilte über den Inhalt und die daraus sich ergebenden Folgerungen vorbehaltlos informiert wird. Offenheit, Ehrlichkeit und Bestreben, sowohl mitarbeiter- als auch unternehmensdienliche Konsequenzen aus der Beurteilung abzuleiten, müssen das Beurteilungsgespräch bestimmen."

Das Belobigungs-/Anerkennungsgespräch

Über Kritik- und Konfliktgespräche gibt es viel Lektüre. Anders sieht es da schon bei Belobigungs- oder Anerkennungsgesprächen aus. Denken Sie doch einmal an sich selbst: Hören Sie lieber Kritik oder lieber Lob? Beides? Gratuliere! Dann sind Sie ein Mensch, der mit beidem gut umgehen kann. Im Allgemeinen jedoch können viele Menschen mit beidem nicht besonders gut umgehen. Bei Kritik fühlen sie sich gleich persönlich angegriffen und reagieren entsprechend angriffslustig und bei Lob schwächen sie sofort ab: „Ach, das war doch selbstverständlich." Oder: „Das liegt doch in meinem Aufgabenbereich." Probieren Sie doch einfach mal folgendes: Bei der nächsten sachlichen Kritik halten Sie inne und überlegen, was dieser Mensch Ihnen durch die Kritik sagen will. Und auf ein Lob sagen Sie einfach nur „Danke!"

Umgekehrt ist es auch bei Führungskräften so, dass diese nicht unbedingt gerne Anerkennungsgespräche führen und Lob aussprechen. Sollte man doch meinen, es wäre etwas durchaus Positives, wenn es eine Möglichkeit gibt, einen Mitarbeiter zu loben. Für viele Vorgesetzte jedoch ist dies noch eine viel ungewöhnlichere Situation als das Kritikgespräch, in dem sie immer wieder auch geschult werden und das sie zielgerichtet trainieren.

Das Anerkennungsgespräch ist eine Möglichkeit zur Mitarbeiter-Motivation. Nach Rolf H. Ruhleder (2002, S. 214 – eines der besten Rhetorik-Praxisbücher zu diesem Thema) durchläuft das Anerkennungsgespräch* sechs Phasen:

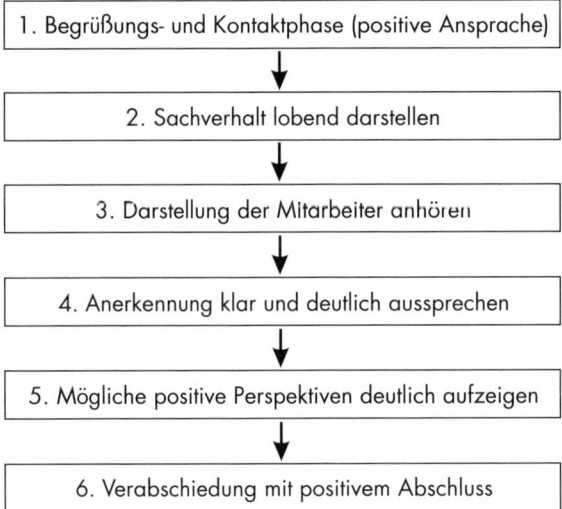

1. Begrüßungs- und Kontaktphase (positive Ansprache)

2. Sachverhalt lobend darstellen

3. Darstellung der Mitarbeiter anhören

4. Anerkennung klar und deutlich aussprechen

5. Mögliche positive Perspektiven deutlich aufzeigen

6. Verabschiedung mit positivem Abschluss

Menschen müssen damit umgehen lernen, zu loben und Lob anzunehmen. Beides macht unser tägliches Miteinander angenehmer und fördert auch die Kommunikationsbereitschaft. Schließlich gibt es doch im Firmenalltag nichts Besseres, als gemeinsam u.a. über etwas Schönes (= Lob) und gute Arbeit zu sprechen. Also legen Sie einfach los und nehmen Sie sich am besten vor, jeden Tag aufrichtige Anerkennung auszusprechen. Sie werden merken, dass diese Anerkennung zu Ihnen zurückkommt.

Um zukünftig noch erfolgreicher Gespräche zu führen, stellen Sie sich nach jedem Anerkennungsgespräch doch einfach die Frage: Habe ich mir wirklich Zeit genommen für denjenigen, den ich loben wollte? Zwischen Tür und Angel hat ein Anerken-

---

* An dieser Stelle bedanke ich mich bei Rolf H. Ruhleder für seine Erlaubnis, das Schema des Verlaufs eines Anerkennungsgesprächs hier abdrucken zu dürfen.

nungsgespräch nicht dieselbe Wertigkeit. Überlegen Sie sich auch, ob der Grund für ein Anerkennungsgespräch groß genug war. Wenn Sie planlos und bei jeder Kleinigkeit in überschwängliches Lob verfallen, geht die Verhältnismäßigkeit verloren. Und damit auch Ihre Glaubwürdigkeit. Haben Sie auch Ihren Gesprächspartner zu Wort kommen lassen und diesem zugehört? Ein Lob, das ohne Punkt und Komma auf einen niederprasselt, ist genauso ermüdend wie eine Standpauke. Beginnen und enden Sie positiv, sprechen Sie ein klares Lob aus, lassen Sie Ihrem Gesprächspartner Raum, sich zu äußern, und genießen Sie mit ihm die Freude über die Anerkennung, und Sie werden merken, welches Potenzial in dieser Gesprächsform steckt.

Kritiken, Konflikte oder Belobigung – Beurteilung oder Anerkennung: Gespräche können „schwere" Inhalte haben, beiden Seiten Spaß machen oder einfach nur dazu dienen, dass zwei Menschen miteinander kommunizieren. Einfach nur miteinander sprechen. Wie sieht es jedoch aus, wenn Sie es, unabhängig von Inhalt und Art des Gesprächs, mit einem „schwierigen" Gesprächspartner zu tun haben?

Vom Umgang mit „schwierigen" Gesprächspartnern

Es gibt Menschen, mit denen kann man reden, über was man will, es kommt einfach kein konstruktives Gespräch heraus. Ob Besserwisser, Dauernörgler oder einfach nur Lächler – „schwierige" Gesprächspartner werden Ihnen immer wieder begegnen. Im Folgenden zeige ich Ihnen einige Musterbeispiele dieser Zeitgenossen auf, und wenn sich der ein oder andere von Ihnen darin selbst wieder erkennt, lächeln Sie und nehmen Sie die nachfolgenden Aspekte einfach für Ihr persönliches Wachstum.

1. Das HB-Männchen

Kennen Sie noch das HB-Männchen aus der Werbung? Dieses kleine Männlein, das mit einem hochroten Kopf jeden Moment vor dem Explodieren stand. Vielleicht kennen Sie ja auch den einen oder anderen Choleriker, der im Gespräch bei der kleinsten Kleinigkeit, die angeblich gegen ihn oder einen seiner Grundsätze verstößt, ausflippt. Sie haben sich bislang mitreißen lassen und gedacht: „Was der kann, kann ich schon lange!" Herausgekommen ist wahrscheinlich kein besonders konstruktives Gespräch. Und genau das ist es doch, was wir anstreben. Natürlich bedeutet das nicht, dass Sie sich von einem solchen aggressiven Gesprächspartner beleidigen lassen müssen. In einem solchen Fall sagen Sie ganz einfach: „Stopp. Das geht jetzt aber wirklich zu weit!"

Wenn er allerdings einfach so vor sich hin schimpft, lassen Sie ihn. In dieser Phase ist er sowieso nicht aufnahmefähig. Hören Sie ihm aufmerksam zu, vielleicht entdecken Sie Ansatzpunkte zwischen dem aufbrausenden Gehabe. Und wenn er ruhiger geworden ist, seinen Groll erst einmal abgelassen hat, knüpfen Sie an seine Inhalte an, z.B.: „Wenn ich Ihren Ausführungen richtig folgen konnte, sind Sie der Meinung, dass ..."

Oder: „Das kann ich gut verstehen. Wollen wir uns gemeinsam den Sachverhalt einmal von einer anderen Warte aus betrachten?"

2. Der Professor

Mit erhobenem Zeigefinger weiß dieser Gesprächspartner wirklich alles besser. Er unterbricht Ihre Ausführungen, weil er sofort etwas Wichtiges dazu zu sagen hat, erörtert stundenlang selbstgefällig Inhalte und führt hochtrabende Monologe. Lassen Sie sich mit einem Gesprächspartner dieser Art auf keinen Fall auf eine Diskussion ein – dieses Rededuell verlieren Sie. Uneinsichtig und rechthaberisch sind viele dieser Professoren. Doch lassen Sie sich in keinem Fall einschüchtern! Gehen Sie selbstbewusst in diesem Gespräch mit Ihrer Meinung, dem Gesprächspartner und dem Inhalt um. Am besten stellen Sie Ihre beiden Meinungen als gleichwertig gegenüber.

3. Der „Ach-ist-das-heute-wieder-ein-furchtbarer-Tag"-Typ

Für diesen Gesprächspartner der Marke „Warum-bin-ich-heute-nur-aufgestanden" oder „Was-kann-dieser-Tag-mir-schon-bringen" gibt es nur eine entscheidende Strategie: Meiden, soweit es geht! Denn dieser Gesprächspartner schafft es garantiert, Sie bereits in den ersten Minuten so zu deprimieren, dass Sie den Rest des Tages brauchen, um sich wieder einigermaßen im Griff zu haben. Wie viel Konstruktivität erwarten Sie denn von diesem Menschen?

Die Null-Bock-Generation ist längst vorbei, doch es mag sein, dass noch der ein oder andere Vertreter dieser Spezies in deutschen Landen unterwegs ist. Und die geben grundsätzlich jedem anderen die Schuld. Von Verantwortung übernehmen hält diese Art Mensch nicht viel. Egal mit welchen Inhalten Sie auch kommen, dieser Menschenschlag wird immer eine Ausrede finden, warum er gerade jetzt in diesem Moment diese Situation so gar nicht ändern kann. Das Wetter, die (bösen) Kunden, die (neidvollen) Kollegen oder einfach nur der schlechte Kaffee heute in der Kantine – und schon ist die ganze Welt gegen ihn. Ignorieren oder Mit-Jammern? Auf keinen Fall, sonst bestärken Sie ihn ja auch noch in seinem Jammertal. Besser ist es, ihn dort abzuholen, wo er sich gerade seelisch befindet: „Wenn ich Sie richtig verstanden habe, ..." ist hier ein klassischer Einstieg. Dann führen Sie ihn aus diesem Problem-Denken hin zum Verantwortungübernehmen: „Was müsste passieren, damit ...?" und: „Was können Sie dazu beitragen, dass die Situation besser wird?"

4. Der Märchenonkel

Diese Spezies wird Ihnen wahre Märchen erzählen, was nicht bedeutet, dass das, was solch ein Mensch sagt, nicht der Wahrheit entspricht. Stundenlang kann er um den heißen Brei reden, sagt wenig aus und doch so viel. Irgendwann werden Sie innerlich abschalten und gar nichts mehr aufnehmen. Von Konstruktivität kann hier nicht die

Rede sein. Hier gilt nur eines: Nachfragen, festlegen, zusammenfassen, auf den Punkt bringen. Und wenn das Ihr Gesprächspartner nicht kann, müssen eben Sie ran! Fragen Sie also gezielt und immer wieder nach: „Was verstehen Sie konkret unter …? Oder: „Was meinen Sie genau mit …?

Und dann halten Sie am besten die genauen Punkte schriftlich fest. Auch wenn es nicht als richtig zählt, einen Gesprächspartner zu unterbrechen. Hier bleibt Ihnen gar keine andere Wahl. Übernehmen Sie die Gesprächsführung, unterbrechen Sie, fassen Sie zusammen und bitten Sie notfalls um eine kurze Pause, um sich die wichtigsten Stichpunkte zu notieren. Machen Sie aus dem Brei ein Märchen der Spitzenklasse und Ihr Gesprächspartner wird von Ihrer Auffassungsgabe begeistert sein.

Wie Sie sehen, ist gegen jeden „schwierigen" Gesprächspartner ein Kraut gewachsen, um mit jedem „schwierigen" Zeitgenossen ein konstruktives Gespräch zu führen. Im Zweifelsfall greifen Sie einfach auf Ihren gesunden Menschenverstand zurück, nutzen die Gesprächsstrategien und machen sich dem Menschen gegenüber zum Freund – egal welche Macken er auch hat, denn „Macken machen menschlich"! Diese kann man übrigens nicht nur im Zweiergespräch gut erkennen, gerade bei Besprechungen treffen Sie auch eine Vielzahl Vertreter dieser Spezies. Nutzen Sie doch einfach die nächsten Besprechungen, um einmal mehr Ihre Menschenkenntnis in der Kommunikation zu erweitern.

5.5 Meetings heute – Chancen und Gefahren

Ob Sitzungskultur heute wirklich Kultur hat oder ist, sei dahingestellt. Eines jedenfalls steht fest – viel zu viele Besprechungen, Meetings oder Sitzungen sind mehr nettes Beisammensein, Kaffeekränzchen oder stundenlanges Hin-und-Her-Debattieren als eine wirklich sinnvoll genutzte gemeinsame Besprechungszeit. Dies würde nämlich voraussetzen, dass eine ordentliche Vorbereitung mit genauer Definition der Ziele, eine organisierte Durchführung und eine Wer-macht-was-bis-wann-Liste im Anschluss an das Treffen existieren. Ich habe keine offizielle Zahl, wie viele zigtausend Euro der deutschen Wirtschaft tagtäglich durch schlecht organisierte Besprechungen verloren gehen. Meetings heute bergen Chancen und Gefahren – mit beiden Seiten dieser Medaille möchte ich mich auf den nächsten Seiten etwas näher beschäftigen und Ihnen zugleich aufzeigen, wie Sie aus Gefahren realistische Chancen mit einem enormen Erfolgspotenzial machen.

Für die einen ist es ein Meeting ...

... für die anderen die längste Besprechung der Welt! Wer kennt sie nicht, diese Dauerbesprechungen. Stundenlang werden dort Meinungen ausgetauscht, Dinge diskutiert, die dann doch wieder ganz anders gemacht werden, und am Schluss geht man auseinander und keiner weiß so recht, welche Ergebnisse dieses Zusammensitzen gebracht hat. Unzufriedenheit und Ärger über die verlorene Arbeitszeit, in der man eigentlich produktiv hätte sein können, machen sich breit. Diese fehlende Sitzungskultur liegt oft daran, dass derjenige, der die Sitzung leiten sollte, überhaupt nicht fähig dazu ist. Oder schlimmstenfalls gar nicht vorhanden. Oder wie läuft das in der Realität oft ab? Da wird von heute auf morgen eine Besprechung einberufen. Eine Teilnehmerliste wird erstellt und die Sekretärin des Unternehmers z.B. schreibt die Einladungsmemos. Mit viel Glück ist darauf zumindest das Thema notiert. Aber ein Ziel, wer kann das schon verlangen?

Ziele wirken wahre Wunder

Wie bei allen Aktivitäten im Unternehmen wirken auch bei Besprechungen realistische Ziele wahre Wunder. Steht das Thema, z.B. „Einführung eines neuen Produktes bei den Stammkunden", fest, wird ein klares Ziel der Besprechung formuliert: „Welche fünf Marketingstrategien werden wir bis zum Ende des Jahres nutzen, um dieses Produkt im Markt einzuführen?" Nun kann sich jeder der Beteiligten schon einmal mit der Materie auseinander setzen. Was natürlich auch nur passieren kann, wenn zwischen Einladung und Meeting zumindest zwei Arbeitstage liegen. Hektik bringt da überhaupt nichts, zumindest nicht bei Themen, die sich planen lassen. Und eine

Besprechung, die um 8 Uhr bekannt gegeben wird und am gleichen Tag um 9 Uhr stattfinden soll, bringt nur unnötige Unruhe und lässt es nicht zu, dass Menschen sich innerlich mit einem Thema beschäftigen können. Am besten Sie legen der Einladung auch noch eine Teilnehmerliste und eine kurze Info bei. In unserem Fall z.B. die bereits erstellte Produktbeschreibung der Entwicklungsabteilung.

Sieben goldene Regeln für Besprechungen

Nachfolgende Regeln werden Ihnen zukünftig helfen, eine wahre Sitzungskultur in Ihrem Unternehmen zu etablieren. Sie nutzen Besprechungen zum kreativen Gedankenaustausch, und Meetings sind bei Ihnen gleichbedeutend mit effektiven, ergebnisorientierten Inhalten.

1. Muss diese Besprechung überhaupt sein?

Viele Besprechungen müssten gar nicht abgehalten werden. Denn oft werden dort nur Inhalte aufgegriffen, die in bisherigen Gesprächen nicht erfolgreich geklärt werden konnten. Sie merken, wie entscheidend wieder einmal der Faktor Kommunikation ist. Bei der Besprechung ebenso wie bereits im Vorfeld. Überlegen Sie also sehr konsequent, ob der Inhalt und das Ziel ein Meeting erlauben, oder ob es nur darum geht, dass man sich wieder einmal in der „alten Runde" wieder sieht. Dem menschlichen Grundbedürfnis nach Zusammensein, Sich-Austauschen und Miteinanderreden kann man sicher auf andere Art und Weise gerecht werden. Nutzen Sie einfach eine Mittagspause oder organisieren einen gemeinsamen Abend beim Essen.

2. Bereiten Sie das Meeting effektiv vor

Durch eine effektive Vorbereitung ist sichergestellt, dass zumindest grundlegende Dinge vor der Besprechung geklärt sind. Wer nimmt an der Besprechung teil, welche Inhalte kommen zur Sprache, wer leitet die Besprechung bis hin zum Raum und der Rollenverteilung? Vorbereitung schließt jedoch auch im Anschluss an die Einladung die Vorbereitung der einzelnen Sitzungsteilnehmer ein. Diese müssen sich bereits im Vorfeld der Besprechung mit dem Thema auseinander setzen, dann kann am Tag X die Einleitung durch den Moderator entsprechend kurz ausfallen und jeder kann sich auf das wirklich wichtige Ziel der Besprechung konzentrieren.

3. Von Teilnehmern und Moderatoren

Es gibt Besprechungen, an denen Mitarbeiter nur aus einem Grund teilnehmen: weil sie schon immer dabei waren. Und es gibt Meetings, zu denen entscheidende Mitarbeiter nicht eingeladen werden, weil sie noch nie dabei waren. Das eine ist so verkehrt wie das andere. Wählen Sie deshalb die Sitzungsteilnehmer sehr gezielt aus. Beim Meeting ist nur jemand dabei, der auch betroffen ist, d.h. mit dem Thema unmittelbar zu tun hat. Damit stellen Sie sicher, dass er auch ein Interesse daran hat, Ergebnisse zu produzieren. Außerdem sollte von vornherein feststehen, wer die Besprechung leitet, dann kann sich der Moderator entsprechend vorbereiten. Dazu gehören das intensive Studium der verfügbaren Unterlagen, die Festlegung der Tagesordnung, ggf. bereits mit der Vergabe von Redezeiten, sowie die Planung der visuellen Präsentationsmöglichkeiten. Der Leiter des Meetings kümmert sich außerdem um die Rollenverteilung, wer schreibt z.B. das Protokoll? Sonst wird am Anfang der Besprechung erst eine Viertelstunde diskutiert, wer sich denn bereit erklärt, ein Protokoll zu schreiben – und findet sich keiner, dann lassen wir es halt ohne Protokoll bewenden. Das kann und darf keine Sitzungskultur werden!

4. Der Ziel- und Zeit-Faktor

Wie wichtig ein genaues Ziel jeder Besprechung ist, haben wir bereits erörtert. Wie sieht es jedoch mit dem Zeit-Faktor aus? Bereits wenn es um die Länge einer Sitzung geht, scheiden sich die Geister. Die einen meinen, zwei Stunden sind durchaus angemessen, andere meinen, es kommt auf die Teilnehmerzahl an. Eines steht in jedem Fall fest: Endlose Meetings sind out und werden von vielen Führungskräften auch nicht mehr toleriert. Und ein anderer Faktor ist ebenfalls sichergestellt: Nach ca. 1½ Stunden ist man nicht mehr aufnahmefähig, so dass sich daraus sicher auch ein guter Zeit-Faktor ergibt. Legen Sie also von vornherein eine maximale Sitzungsdauer fest, machen Sie einen detaillierten Zeitplan für die Besprechung, in dem Sie Pufferzeiten vorsehen. Beschränken Sie vor allem auch die Redezeit der einzelnen Sitzungsteilnehmer. Wir alle kennen die Vielredner, die alle anderen Teilnehmer durch ihre Monologe nur noch langweilen. Bringen Sie alles auf den Punkt und übertragen Sie die Prinzipien des Zeitmanagements auch auf Meetings. Eröffnen Sie pünktlich, damit sich Teilnehmer gar nicht erst daran gewöhnen, dass Sie ja sowieso nichts versäumen, wenn sie zehn Minuten zu spät kommen, halten Sie sich an einen Zeitplan und beenden Sie die Sitzung pünktlich. Kommen entscheidende Tagesordnungspunkte nicht zum Zug, sind alle gefordert, sich bei der nächsten Besprechung enger an die Tagesordnung zu halten.

5. Damit bei der Sitzung nicht nur alle sitzen!

Bei der Besprechung liegt es am Moderator, alle Beteiligten in den Entscheidungsfindungs-Prozess mit einzubeziehen. Wenn Sie vorher eine klare Differenzierung durchgeführt haben, für wen eine Teilnahme an der Besprechung wirklich Sinn macht, wird ihm das nicht schwer fallen. Warum planen Sie nicht einmal eine »Stehung«, in der nicht nur der Körper, sondern mit ihm auch der Geist eine andere Haltung zum Thema Besprechungen einnimmt? Lassen Sie grundsätzlich Störungen genauso wenig zu wie Boykott. Am effektivsten sind Besprechungen, wenn durch gute Vorbereitung die Einleitung kurz und knapp ausfallen kann, nach den Redezeiten der entsprechenden Experten eine kleine Diskussionsrunde anschließt und abschließend genau festgelegt wird, welche Schritte vereinbart wurden und wie die Umsetzung genau vonstatten geht.

6. Wer-macht-was-bis-wann?

Die Umsetzung macht's! Was nützt die beste und effektivste Besprechung, wenn an deren Ende keine To-Do-Liste steht, auf der genau festgelegt wird, wer-macht-was-bis-wann. Am besten, Sie lassen vom Protokollführer ein Ergebnis-Protokoll anfertigen. Damit haben Sie auch eine Arbeitsgrundlage für Mitarbeiter, die nicht beim Meeting dabei waren, deren Bereich jedoch betroffen ist. Außerdem dient dieses Protokoll als Grundlage für die nächste Besprechung, in der zu Beginn kurz durchgesprochen wird, welche Punkte erledigt und welche noch offen sind. Darauf lassen sich dann die folgenden Meetings aufbauen. Nehmen Sie alle Beteiligten in die Pflicht, Verantwortung für die gemeinsame Sache zu übernehmen. Wird dies nur ausgesprochen und gehört, hat das einen weit geringeren Stellenwert als die schriftlich fixierte Vorlage der Aufgaben.

7. Nach der Besprechung ist vor der Besprechung!

Legen Sie fest, wer dafür zuständig ist, dass die vereinbarten Aufgaben auch fristgerecht erledigt werden. Nicht immer können in kurzen Abständen regelmäßig Besprechungen abgehalten werden, und das ist ja auch nicht Sinn der Sache. Eine Besprechung kann als persönlicher Anstoß genutzt werden, um selbst ins Handeln zu kommen bzw. um Mitarbeiter ins Handeln zu bringen. Vergeben Sie Zuständigkeiten für die Terminüberwachung oder bilden Sie Zweier-Teams, die sich gegenseitig motivieren, an dem gemeinsamen Projekt weiterzuarbeiten und die To-Do-Liste bis zur nächsten Besprechung mit Leben zu füllen.

Meetings und Besprechungen werden immer einen hohen Stellenwert in Unternehmen haben. Denn wenn Menschen nur noch nebeneinander her und an ihren Computern vor sich hin arbeiten, bleibt der kreative Austausch auf der Strecke. Umso wichtiger ist es, dass Sitzungen nach gewissen Spielregeln ablaufen. Wenn Sie diese Punkt für Punkt umsetzen, erhalten Sie eine Sitzungskultur, die wirklich Kultur hat.

Kommunikation findet im beruflichen Umfeld nicht nur bei Gesprächen oder eben bei Besprechungen statt. Auch auf Empfängen, Kundenparties oder offiziellen Abendessen muss jeder wissen, wie er am besten kommuniziert. Auf einer Party, beim Stehempfang zur Geschäftseröffnung oder beim Firmenjubiläum – wer Small Talk (dieses einfach nur Miteinanderplaudern) beherrscht, kann in jeder neuen Situation ganz natürlich kommunizieren. Ohne viel zu sagen! Für Führungskräfte ist es erforderlich, die Kunst des Small Talks zu beherrschen. Dies gilt grundsätzlich für jeden Menschen, der z.B. im privaten Umfeld auch immer wieder auf andere Menschen trifft, Menschen kennen lernt und per Small Talk die ersten kommunikativen Bande knüpft. In diesem Zusammenhang ist ein Zitat, deren Quelle mir unbekannt ist, von besonderer Bedeutung: *Fremde sind Freunde, die man noch nicht kennt.* Machen Sie sich diesen Spruch zum Leitsatz, und Sie werden voller Freude auf alle (zukünftigen) Freunde zugehen.

5.6 Die Macht des Namens beim Small Talk

Wer die Kunst des so genannten Small Talk, also die kleine, feine und leichte Konversation beherrscht, hat entscheidende Karrierevorteile. Nahezu jedes Gespräch beginnt mit Small Talk, um sich erst einmal etwas kennen zu lernen oder sich mit bekannten Personen in ein Gespräch einzustimmen. Zwischen Tür und Angel wird über das Wetter gesprochen, mit neuen Kollegen über die Familie oder beim ersten Treffen mit einem neuen Kunden, welch außergewöhnliche Bilder dieser an der Wand hängen hat. Und wenn zu Ihnen jemand ins Büro kommt, haben Sie sicher auch schon die Frage gestellt, ob er denn mit dem Auto gut hergekommen ist oder er die Adresse laut Anfahrtsskizze gleich gefunden hat. Alles Small Talk, um sich etwas aufzuwärmen, einander zu „beschnuppern" und – zumindest bei einem ersten Treffen – festzustellen, ob der andere einem sympathisch ist oder nicht. Gut, wer die Kunst des Small Talks beherrscht und damit eine wichtige Erfolgsbasis für Gespräche schafft.

Von manchen wird Small Talk immer noch belächelt. Andere hingegen wissen um die Bedeutung dieser Kommunikationsform. Wenn Sie noch unsicher sind, gehen Sie mit mir ein Stück in die Welt der Small Talker und lernen Strategien für einen leichten Gesprächseinstieg und den geschickten Übergang zum Wesentlichen.

Klassische Small Talk-Themen

Stellen Sie sich vor, Sie gehen allein auf eine Party (was Sie ruhig öfter einmal machen sollten), stehen einfach so herum und müssen wohl oder übel mit irgendjemand Kontakt aufnehmen, wenn Sie nicht den ganzen Abend allein verbringen wollen. Wenn Sie nicht zu den glücklichen Menschen gehören, um die sich sofort alle scharen (und wer gehört da schon dazu?), müssen Sie also selbst aktiv werden. Gehen Sie auf Menschen zu. Gesellen Sie sich zu einer Gruppe, hören Sie etwas zu und an geschickter Stelle greifen Sie aktiv in das Gespräch ein. Sie dürfen dabei natürlich nicht aufdringlich sein. Wenn Sie merken, dass dort ein „intimes" Gespräch unter Freunden stattfindet, gehen Sie am besten einfach weiter. Ansonsten werden Sie sicher mit offenen Armen empfangen, wenn Sie durch eine offene und lockere Art die Runde durch Ihre Anwesenheit und den einen oder anderen Gesprächsbeitrag auflockern. Oder Sie gehen gezielt zu einem ebenfalls allein stehenden Menschen hin. Vielleicht fühlt er sich genauso einsam wie Sie und traut sich nur nicht, auf Sie zuzugehen. Und keine Angst, wenn er allein sein will, werden Sie dies schon merken oder er wird es Ihnen fairerweise sagen.

„Das echte Gespräch bedeutet, aus dem Ich heraustreten und an die Tür des Du klopfen", sagte einmal Albert Camus. Nutzen Sie als Türklopfer doch einfach Small Talk als Möglichkeit, herauszufinden, ob der andere die Tür (zu sich) öffnet und bereit ist, über andere Dinge mit Ihnen zu sprechen. Typische Small Talk-Themen, mit denen Sie in jedem Fall richtig liegen sind:

➜ Wetter
➜ Urlaub
➜ Essen/Trinken
➜ Literatur
➜ Musik
➜ Fernsehsendungen
➜ Klatsch und Tratsch
➜ Arbeitsumfeld
➜ Hobbys
➜ das räumliche Umfeld (Gebäude, Büro, Möbel, Bilder)
➜ Veranstaltung

Genauso gibt es jedoch auch Tabu-Themen, die bei einem Small Talk absolut nichts zu suchen haben:

➜ Rassenfragen
➜ Religion
➜ Krankheiten
➜ Probleme mit ...
➜ Kritik an ...

Oft wird darüber diskutiert, ob Politik und das Wirtschaftsgeschehen denn nun für einen Small Talk empfehlenswert sind oder nicht. Wenn daraus keine Grundsatzdiskussionen erwachsen, können solche Themen, gerade im Business-Bereich, durchaus als Gesprächseinstieg dienen. Gerade in der heißen Phase eines Wahlkampfes z.B. wird gerne über die Politik gesprochen und wirtschaftliche Entscheidungen haben nun mal maßgeblichen Einfluss auf das Business. Voraussetzung ist hier allerdings unbedingt, dass Sie im wahrsten Sinne des Wortes „keine Partei" ergreifen. Das kann sonst, sofern es kein Treffen von Parteimitgliedern ist, ganz schön ins Auge gehen.

Gehen Sie die Sache einfach ganz locker an und überlegen Sie, welche Themen Sie gerne mit Menschen besprechen, die Sie vielleicht noch nicht so gut kennen. Die große Kunst des Small Talk ist es dann nämlich, herauszufinden, welche Themen beim Gegenüber auf Interesse und Resonanz stoßen. Es nützt nämlich noch lange nichts, wenn Sie einen noch so interessanten Monolog über die neuesten Jazz-Platten von sich geben, wenn der andere so gar kein Interesse an Musik, geschweige denn an Jazz hat. Small Talk dient zwar als direkte Ansprache, dann aber sollten Sie sich ruhig wieder etwas zurücknehmen und den anderen sprechen lassen. Erstaunlicherweise werden die Gesprächspartner als interessant und angenehm bezeichnet, die aufmerksam zuhören können. Das ist in unserer heutigen Gesellschaft von Menschen, die nur schnell und unter Zeitdruck von einem Termin zum nächsten hetzen, kein Wunder. Wer hat schon noch Zeit zuzuhören (vgl. Kapitel 1.2). Nutzen Sie diese Chance des stillen Small Talks oder, wenn wir hier einen neuen Begriff kreieren wollen, des Small Hear.

Von „Ja's" und „Nein's"

Sicher kennen Sie die Situation: Sie haben sich nach langem Hin und Her überlegt, auf wen Sie zugehen, haben Blickkontakt aufgenommen und sich langsam genähert, und dann kommen auf Ihre Fragen und den mühsamen Versuch, einen Dialog zustande zu bringen, als Antworten nur „Ja's" und „Nein's". Sie können den wortkargen Menschen ja schlecht einfach stehen lassen. Überlegen Sie doch einmal, ob es an Ihren Fragen liegen kann und ob Ihr Gegenüber sich vielleicht schon wie bei einem Verhör vorkommt? Small Talk sollte nämlich wirklich ein Dialog sein, in dem immer wieder verschiedene Gesprächspartner die Rolle des Sprechers übernehmen und auch unterschiedliche Themen zustande kommen. Wenn Sie folgendes (überspitzte) Gespräch verfolgen, werden Sie die ungenutzten Chancen der beiden Gesprächspartner sicher erkennen:

A: Guten Tag, ich heiße Alfred Such. Nehmen Sie auch am Seminar ABC teil?
B: Nein! (Hoppla! Da haben Sie auf eine geschlossene Frage auch eine geschlossene Antwort erhalten!)
B: Ja!
A: Haben Sie schon einmal ein Seminar dieser Art besucht?
B: Nein!
B: Ja! (Und schon wieder ist es passiert. Locken Sie Ihr Gegenüber doch mal mit einer offenen Frage aus der Reserve, die er nicht einfach nur mit Ja oder Nein beantworten kann)
A: Worin, glauben Sie wohl, liegt der Unterschied von ABC-Seminaren zu den anderen Anbietern?
Jetzt kann B gar nicht mehr anders, als mit einem vollständigen Satz zu antworten.

Wenn ein Gespräch so gar nicht anlaufen will, dann verabschieden Sie sich taktvoll, indem Sie z.B. sagen: „Ich gehe schon mal vor in den Seminarraum. Wir sehen uns sicher noch in einer der Pausen." Das ist unverbindlich. Wenn Sie allerdings ein tolles Gespräch geführt haben, können Sie Ihr Gegenüber ja gleich fragen: „Wollen wir gemeinsam in den Seminarraum gehen. Unser Gespräch war wirklich sehr spannend. Ich würde mich freuen, wenn wir dies in einer weiteren Pause vertiefen." Besonders wenn Sie den Kontakt über die erste Begegnung hinaus aufrecht erhalten wollen, soll-ten Sie, besonders bei einem unüberschaubaren Rahmen (bei einem Kongress mit 800 Teilnehmern ist es eher unwahrscheinlich, dass Sie sich gleich wieder begegnen), von sich aus eine Visitenkarte anbieten. Beachten Sie jedoch: Auch, wenn Sie eine Visiten-karte retour erhalten – das gebietet die Höflichkeit –, können Sie oft noch nicht erken-nen, ob der Wunsch auf einen erneuten Kontakt von beiden Seiten geteilt wird.

Die Visitenkarte überreichen Sie bitte nur dann, wenn es angebracht erscheint. Wenn Sie auf einer privaten Party mit 35 Gästen mit Ihren Visitenkarten nur so um sich wer-fen, werden Sie sicher „im Gespräch" bleiben, jedoch keinen positiven Eindruck hin-terlassen. Gespür, Gefühl und ein kleines bisschen gesunder Menschenverstand – wenn Sie das haben, werden Sie im Small Talk nicht nur bestehen, sondern sicher schon bald viel Spaß daran entwickeln, neue Kontakte zu knüpfen und Gesprächen mit Bekannten durch einen gekonnten Einstieg den nötigen Esprit zu verleihen.

Wie „war" doch gleich noch Ihr Name?

Ein wesentlicher Bestandteil eines guten Small Talkers ist das Namensgedächtnis. Wenn Sie auf einem Seminar sind und relativ schnell die anderen Teilnehmer mit Na-men ansprechen können, ist das Eis meist schon gebrochen. Und auf einer privaten Party ist das Ganze noch viel spannender. Wie klingt es hingegen, wenn Sie bei der fünften Begegnung immer noch sagen müssen: „Wie war doch gleich Ihr Name?" oder sich so auf Ihre Aussagen konzentrieren müssen, damit Sie nur ja nicht den Na-men Ihres Gegenübers aussprechen müssen, so dass Sie kein lockeres Gespräch zu-stande bringen. Übrigens ist es eine Unart: Der Mann/die Frau ist doch nicht tot. Wenn schon, dann fragen Sie eher so: „Mein Gedächtnis lässt mich im Stich. Ich brauche Ihre Hilfe. Wie ist bitte nochmals Ihr Name?"

Gehen Sie davon aus, dass wirklich jeder Mensch gerne seinen Namen hört. Das ist bei Ihnen so und auch bei jedem Ihrer Gesprächspartner. Ist es doch eine Art von Wert-schätzung, wenn Sie sich den Namen Ihres Gegenübers nach der ersten Begegnung merken können.

Ein Tipp: Wenn Sie den Namen Ihres Gegenübers nicht sofort verstanden haben, las-sen Sie ihn sich gleich noch mal nennen oder sogar seinen Namen buchstabieren/auf-schreiben. Dann sprechen Sie ihn gleich einmal selbst aus. Damit signalisieren Sie In-teresse an Ihrem Gegenüber. Vermeiden Sie auf jeden Fall Gesprächskiller wie: „Kom-plizierter Name" oder „Schwieriger Name". Sagen Sie eher etwas Positives zu dem Na-men Ihres Gesprächspartners. Verbinden Sie für sich mit dem Namen Ihres Ge-sprächspartners ein Bild und schon wird aus Susan Wirtzke ein Wirt, der immer Wit-ze macht. Und Gerhard Schneider ist ein „Tapferes Schneiderlein", das auf einem

Tisch sitzt, mit Nadel und Faden in der Hand. Auch eine Eselsbrücke kann helfen und Sie werden den Namen Luise Hurt vielleicht mit „Hase Unter Richtigen Tigern" nie mehr vergessen. Es liegt an Ihnen, mit welch verrückten Bildern oder Eselsbrücken Sie sich Namen einprägen. Etwas Übung macht auch hier den Meister!

Und für die Aussprache Ihres eigenen Namens merken Sie sich bitte: immer laut und deutlich, am besten mit Vor- und Zunamen. Stehen Sie zu sich und Ihrem Namen. Denn Ihr Name steht für Sie und Ihre bisher erreichten Ziele im Leben. Ihr Name ist Ihr bestes Kapital. Nutzen Sie Ihren Namen, um sich im Gedächtnis Ihrer Gesprächspartner einzuprägen.

Die drei wichtigsten Punkte für mich:

1.

_____

_____

_____

2.

_____

_____

_____

3.

_____

_____

_____

Mein Umsetzungsplan:

Folgende Ideen werde ich umsetzen:

Noch heute:

_____

_____

_____

Morgen:

_____

_____

_____

In der nächsten Woche:

_____

_____

_____

5.7 Inspiration: Hier schließt sich der Kreis

Unsere Reise ist fast beendet. Erinnern Sie sich noch an den Anfang? Am Anfang war die Sprache und mit ihr auch schon wieder die Macht des Schweigens. Sie haben viel erfahren über Kommunikation, Rhetorik und Dialektik und wie Sie dies alles für Ihre Spitzengespräche nutzen können. Jetzt liegt es an Ihnen, diese Erkenntnisse auch in die Tat umzusetzen. Trainieren Sie in jeder Situation Ihre Fähigkeiten, mit anderen Menschen zu kommunizieren, denn das ist es, was uns Menschen ausmacht!

Lesetipp:

Wenn Sie mehr über das Thema faire Kommunikation und Konfliktmanagement erfahren wollen, empfehlen wir Ihnen den folgenden Bestseller:

Rosenberg, Marshall B.: Gewaltfreie Kommunikation. Aufrichtig und einfühlsam miteinander sprechen. Neue Wege in der Mediation und im Umgang mit Konflikten. Junfermann, Paderborn ³2002

Schlusswort

„Der einzige Mensch, der sich vernünftig benimmt, ist mein Schneider.
Er nimmt jedes Mal neu Maß, wenn er mich trifft,
während alle anderen immer die alten Maßstäbe anlegen
in der Meinung, sie passten auch heute noch."
– *George Bernhard Shaw*

Wir befinden uns im Medien- und Informationszeitalter. Um zu kommunizieren, brauchen wir Informationen und umgekehrt. Einerseits bedingen sich Information und Kommunikation, andererseits wird es uns allen erschwert, uns im Angesicht der stetig wachsenden Flut an Informationen auf das Wesentliche zu konzentrieren und dadurch produktiv zu kommunizieren.

Im vorliegenden Buch über faire Kommunikation haben Sie viel erfahren, wie man durch gekonnte Dialektik Spitzengespräche führt – vom Phänomen Sprache bis zur Rhetorik. Immer wird uns Menschen Sprache faszinieren, unsere Muttersprache und die ersten Worte eines kleinen Kindes genauso wie die vielfältigen sprachlichen Schätze der verschiedenartigen Fremdsprachen – verbunden mit den unterschiedlichen Kulturen. Wir werden kommunizieren, vom ersten Schrei des neugeborenen Babys, bis zum letzten Wort, das über unsere Lippen kommt. Gefühle, Anweisungen und mehr – alles drücken wir mit Worten genauso aus wie mit unserem gesamten Körper. Und lauschen wir nicht alle gerne einem charismatischen Redner, der uns Inhalte lebendig und voller Begeisterung übermittelt. Wir lassen uns gerne mitreißen und überzeugen, wenn die Argumentation stimmt. Und vielleicht genießen Sie es auch, sich mit anderen Menschen zu messen – nicht mit der Stoppuhr bei einem 100-Meter-Sprint, sondern bei einem spannenden Zwiegespräch.

Vom ICH zum WIR – Kommunikation funktioniert nur mit anderen Menschen. Mehr denn je müssen wir uns deshalb neben einer Lektion Know-how über Rhetorik und Dialektik und einer Portion Erfahrung auch wieder auf unsere Gefühle im menschlichen Miteinander verlassen lernen. Es zählen nicht mehr nur Daten und Fakten, jeder muss heute sehen, dass er dem menschlichen Aspekt, auch oder gerade im Business, wieder gerecht wird – für mehr menschliche Erfolge!

Ihr
Stéphane Etrillard

Literaturverzeichnis und weiterführende Werke

Alt, Jürgen August: *Richtig argumentieren.* C.H. Beck, München 2000

Bandler, Richard & Donner, Paul: *Die Schatztruhe. NLP im Verkauf. Neue Wege und Übungen zum Erfolg.* Junfermann, Paderborn, 3. Aufl. 2001

Birkenbihl, Vera F.: *Das große Analograffiti-Buch. Gehirn-gerecht zu mehr Intelligenz & Kreativität. Ein Trainings-Programm.* Junfermann, Paderborn 2002

Brauner, Ingo: *Praxis der Rhetorik.* vde-verlag, Berlin und Offenbach 1994

Cicero, Antonia & Kuderna, Julia: *Die Kunst der Kampfrhetorik.* Junfermann, Paderborn, 3. Aufl. 2000

Cicero, Antonia & Kuderna, Julia: *Clevere Antworten auf dumme Sprüche.* Junfermann, Paderborn 2001

Crisand, Ekkehard: *Das Sachgespräch als Führungsinstrument.* Sauer, Heidelberg 1993

Crisand, Ekkehard: *Psychologie der Gesprächsführung.* Sauer, Heidelberg 1982

Dahms, Christoph & Matthias: *Die Magie der Schlagfertigkeit.* Dahms-Verlag, Wermelskirchen 1995

Dahms, Christoph & Matthias: *Dahms Trainingsbuch Schlagfertigkeit.* Dahms-Verlag, Wermelskirchen 1999

Dilts, Robert B.: *Die Magie der Sprache.* Junfermann, Paderborn 2001

Ebeling, Peter: *Das große Buch der Rhetorik.* Englisch, Wiesbaden 1988

Enkelmann, Nikolaus B.: *Die Sprache des Erfolgs.* Gabler, Wiesbaden 1998

Enkelmann, Nikolaus B.: *Charisma.* mvg, Landsberg a.L. 1999

Enkelmann, Nikolaus B.: *Der Kennedy-Effekt.* Redline Wirtschaft, Frankfurt 2002

Etrillard, Stéphane: *Gekonnt gekontert. www.active-books.de* (e-book) Junfermann, Paderborn 2002

Etrillard, Stéphane: *Charisma. www.active-books.de* (e-book) Junfermann, Paderborn 2002

Etrillard, Stéphane: *Lampenfieber in Redesituationen und Verkaufsgesprächen. www.active-books.de* (e-book) Junfermann, Paderborn 2002

Etrillard, Stéphane: „Gekonnt kontern." *ManagerSeminare,* Januar 2002, S. 29-36 Bonn 2002

Etrillard, Stéphane: „Kommunikations-Souveränität. Fundament für den schlagfertigen Auftritt." *Sales-BUSINESS,* November 2002, S. 52 ff., Wiesbaden 2002

Etrillard, Stéphane: „Wer keine Angst kennt, denkt zu wenig über seine Wirkung nach", Nr. 143, Juni 2002, S. 1, *Stellen-Bund, Der Bund,* Bern 2002

Etrillard, Stéphane: „Erfolgsstrategien, Gekonnt kontern – die fünf Säulen der Schlagfertigkeit." *Noch erfolgreicher!,* S. 37, Ausgabe 4, 2002

Etrillard, Stéphane: „Checkpoint 1-8: Die Verkaufsphasen oder: Nach dem Verkauf ist vor dem Verkauf!", S. 9, Nr. 170, *Deutscher Vertriebs- und Verkaufsanzeiger,* Celle 2002

Etrillard, Stéphane: „Eine »Gnadengabe« als Erfolgsfaktor für den Verkauf. Charisma – Ruhende Persönlichkeitsressource." S. 8-9, Nr. 171, *Deutscher Vertriebs- und Verkaufsanzeiger,* Celle 2002

Etrillard, Stéphane: „Wie Sie schwierige Projekte durchfechten. Rhetorik und Ausstrahlung." *Logistik inside,* 15/08, München 2002

Etrillard, Stéphane & Blochberger, Michael: „Kommunikation und Kooperation führen zum Erfolg. Das K-hoch-Zwei-Prinzip." S. 20, Nr. 170, *Deutscher Vertriebs- und Verkaufsanzeiger,* Celle 2002

Etrillard, Stéphane & Höller, Ralf: „Schlagfertigkeit ist keine Kunst: Wie Sie Killerphrasen kontern und Zurufe humorvoll parieren." S. 69ff., *Der Reden-Berater,* Verlag für die Deutsche Wirtschaft, Bonn 2002

Etrillard, Stéphane & Heidack, Clemens: „Der Dreisprung der Motivation: Fit durch flotte Motivationsmacher im Außendienst." Schneller durchlaufene Vertriebswege sind erfolgreicher, S. 1-23, Nr. 167, *Deutscher Vertriebs- und Verkaufsanzeiger,* Celle 2002

Etrillard, Stéphane & Heidack, Clemens: „Ziele erreichen – Verkaufszahlen steigern." S. 5-6, Nr. 169, *Deutscher Vertriebs- und Verkaufsanzeiger,* Celle 2002

Fournier, Cay von: *Charisma.* Schmidt Verlag, Stockheim 2000

Grimm, Bernhard A.: *Ethik des Führens.* Wirtschaftsverlag Langen Müller/Herbig, München 1994

Harlander, Norbert; Heidack, Clemens; Köpfler Friedrich; Müller Klaus-Dieter: *Personalwirtschaft.* moderne industrie, Landsberg/Lech 31994

Hartig, Willfred: *Moderne Rhetorik und Dialektik.* Sauer, Heidelberg 1993

Heidack, Clemens: *Neue Methoden zur Leistungsmotivation der Außendienst-Mitarbeiter.* WEKA, Kissing 1981

Heidack, Clemens (Hg.): *Praxis der Kooperativen Selbstqualifikation.* Rainer Hampp Verlag, München 2001

Holz, Friedrich: *Methoden fairer und unfairer Verhandlungsführung.* WEKA, Kissing 1982

Janicek, Robert: *Erfolgreiche Gesprächsführung und Verhandlungstechnik.* G. Heske-Verlag, Dahlhausen-Magelsen 1976

Jung, Hans: *Versammlung und Diskussion.* Goldmann, München 1980

Lay, Rupert: Dialektik für Manager. *Methoden des erfolgreichen Angriffs und der Abwehr.* Econ-Taschenbuch, München 2001

Lemmermann, Heinz: *Lehrbuch der Rhetorik.* Olzog Verlag, München 1993

Lemmermann, Heinz: *Schule der Debatte.* mvg, München 1991

Löhner, Michael: *Unternehmen heißt lernen.* econ, Düsseldorf 1991

Mohler, Alfred: *Die 100 Gesetze überzeugender Rhetorik.* Ullstein, Berlin 1996

Molcho, Samy: *Körpersprache.* Goldmann, München 1996

Müller, Helmut: *Gesprächstraining.* Orell Füssli, Zürich 1997

Nix, P. Dr. Udo: *Rhetorik und Diskussionstechnik* (Kommunikationstraining I); *Argumentationstechnik* (Kommunikationstraining II). Walberberg 1983

Nix, Udo: *Überzeugend und lebendig reden.* mvg, Landsberg/Lech 1995

Rosenberg, Marshall B.: *Gewaltfreie Kommunikation. Aufrichtig und einfühlsam miteinander sprechen. Neue Wege in der Mediation und im Umgang mit Konflikten.* Junfermann, Paderborn, 3. Aufl. 2002

Ruede-Wissmann, Wolf: *Auf alle Fälle Recht behalten.* Wirtschaftsverlag Langen Müller Herbig, München 1989

Ruhleder, Rolf H.: *Rhetorik* & *Dialektik.* Verlag für Deutsche Wirtschaft, Bonn 2002

Schleiken, Thomas & Winkelhofer, Georg: *Unternehmenswandel mit Projektmanagement.* Lexika Verlag München 1997

Schneider, Willy & Ossola-Haring, Claudia: *Praxiswissen Management.* moderne industrie, München 2002

Schulz von Thun, Friedemann: *Miteinander reden 1.* Rowohlt Tb., Reinbek 1981

Schulz von Thun, Friedemann: *Miteinander reden 2.* Rowohlt Tb., Reinbek 1989

Studer, Jürg: *Rhetorik.* Bassermann, Niedernhausen 1994/1995

Zoche, Hermann-Josef: *Sprachsouveränität.* Josef Schmidt Verlag, Bayreuth 1991

Personen- und Stichwortregister

secs
Institute
Management

Stéphane Etrillard Communication & Sales

›Düsseldorf – Montreux‹

Wir sind Spezialisten in der Durchführung von Seminaren zu Vertriebs- und Kommunikationsthemen.

Das **Management Institute** SECS bietet sowohl öffentliche als auch firmeninterne Seminare an. Für Unternehmen werden maßgeschneiderte innovative Lösungen konzipiert und in individuellen Workshops umgesetzt. In Coachings beraten wir auch Einzelpersonen zu Selbstmarketing, PR- und Kommunikationsthemen.

Unsere exklusiven offenen Seminare stehen unter dem Motto ›Klasse statt Masse‹

- **GEKONNT GEKONTERT**
- **PUBLIC SPEAKING**
- **CHARISMA ENHANCEMENT**
- **SECS SALES TRAINING**
- **TRAINERAUSBILDUNG**

Wenn Sie Interesse an SECS-Seminaren, an einer Trainerausbildung oder an einem Einzelcoaching haben, rufen Sie einfach an. Ihre E-Mail oder Ihr Besuch auf der Website **www.etrillard.com** sind auch jederzeit willkommen.

www.managementbrief.de www.rhetorikbrief.de	»Kombi-Newsletter« für Sie – kostenlos alle 14 Tage –	Wichtige Informationen aus erster Hand!

Den kostenlosen Newsletter ›Managementbrief-Rhetorikbrief‹ können Sie unter www.etrillard.com gleich abonnieren (bereits 7.300 Abonnenten).

Wort-Kraft